ERNA HORN

Die königlich bayerische Küche

VERLAG ALBERT PRÖPSTER KEMPTEN/ALLGÄU

Copyright by Verlag Albert Pröpster, Kempten/Allgäu
Alle Rechte, insbesondere das der Übersetzung, vorbehalten
Nachdruck, auch auszugsweise, verboten
Satz und Druck: Buchdruckerei Holzer, Weiler im Allgäu
Gestaltung: Wilhelm Zeiträg, Weiler im Allgäu
Bindearbeit: Spiegel, Ulm
Lithos: Döss, Nürnberg

ISBN 3-87647-070-6

Vorwort

Bayrische Küche — das ist nicht Knöcherlsulz und Leberkäs, wie auch bayrische Prominenz nicht schuhplattelt und jodelt. Die durch den Fremdenverkehr in oft billige Folklore abgewanderte bayrische Lebensart, besonders die bäuerliche des Gebirges, die sich so kraftvoll und farbig darstellt, hat das ganze Gefüge verschoben, so daß man anderwärts wohl glauben möchte, unsere Geheimräte säßen nicht nur in der Schwemme neben dem Bierkutscher und salzen Radi ein, sondern sie steigen auch mit ihrem Gamsbarthut ins Bett. Infolge des jahrzehntelang gepflegten Holdrio-Bildes des Urbayern hat auch die bajuwarische Kulinaria sozusagen Lederhosen, ja ich möchte sagen „Sepplhosen" angezogen und kommt heute leider nur zu oft ebenso hagebuchen wie falschverstanden daher. Heute ist sie Synonym der bayrischen Küche schlechtweg und tut ihr damit wahrlich keinen guten Dienst, denn die bayrische Küche hat in Tatsache eine alte Tradition, eine lange Geschichte. Das ist zunächst geographisch bedingt. Bayern, schon durch die römische Besatzung an den mittelmeerischen Kulturkreis eng angeschlossen und durch seine gebietsweise erstklassigen Böden hatte schon früh die Möglichkeit, höhere Eßkultur kennenzulernen.

Es gab infolge von guten Feldern und weiten Wäldern Weizenmehl, Vieh, Wild und sogar einen beträchtlichen Weinbau. Obst gedieh, die Jagd war in frühen Zeiten Allgemeingut, später allerdings nicht mehr; die Gastlichkeit stand in hoher Blüte. Von den allmählich in immer größerer Zahl entstehenden Klöstern kamen die Kenntnisse im Feld-, Garten- und Weinbau; es wurde Bier gebraut und Branntwein destilliert; Bienen gab es und die Koch- wie die Backkunst wurden durch Mönchshand gefördert. Zudem blühte der Handel mit dem Süden, besonders seit den Kreuzzügen auf. Bayern liegt ja im Schnittpunkt der großen Handelsstraßen Nordsüd/Ostwest. Überdies verbanden sich die Herrscherhäuser Bayerns und Italiens, insbesondere der Lombardei, bereits im 6. und 7. Jahrhundert. Zwei kulinarische Zeugen, die hochzeitlichen Minnebecher, sind heute noch als Meßkelche im Domschatz zu Monza und in Kremsmünster zu bewundern.

Vom Orient herüberleuchtend in das Zeitalter Friedrichs II. († 1250) hatte sich Sizilien-Italien zur Mutter der europäischen Küche entwickelt. Von da ausstrahlend, eben durch die Kreuzzüge, die Handelsbeziehungen und die Freundschaften von Hof zu Hof, die ihre Gefolgschaften austauschten, kam die von einer reichen, südlich besonnten Erde beschenkte Kulinaria auch nach Bayern, schon bevor sie durch die Fürstinnen Katharina und Maria aus dem Hause Medici Frankreichs Küche befruchtete, ja sie überhaupt erst kultivierte. Die französische Küche, aus Mode lange Zeit überschätzt, ist also nicht etwa Quelle gewesen für eine weltweite Kochkultur, sondern selbst, genau so wie Bayern, Empfängerin einer schon vorhandenen, aus dem Orient gekommenen Küchentradition.

Bayern als stets konservatives, wenngleich auch allem Neuem offenes Land, mit einem toleranten Volksstamm gesegnet, nahm alles auf, prüfte, wägte und integrierte, was ihm gut schien. Daraus entstand, in Jahrhunderten gewachsen, durch die Zeitgeschehnisse gehemmt oder gefördert, mit weitem Herzen bejaht, die Spreu vom Weizen sondernd, eine Küche, ebenso bodenständig wie weltoffen, treubayrisch wie aufnahmebereit, so daß wir schon sehr früh, in ersten Kochhandschriften des 15. und 16. Jahrhunderts, Knödel und Schildkröten, Mostäpfel und Feigen nebeneinander finden.

In diesem Zusammenhang geben gerade diese Handschriften Zeugnis von der so frühen Tafelkultur Bayerns. Zu nennen ist hier vor allem die Würzburg-Münchner Liederhandschrift von 1345 mit einem Kochbuchteil, der etwa 100, zumeist heute noch nachkochbare Rezepte enthält. Dann ist die Handschrift des Klosters Tegernsee da, eine fortlaufende Aufzeichnung der Verpflegung des etwa 40köpfigen Konvents aus dem Anfang des 15. Jahrhunderts, und die entzückende Handschrift der Philippine Welser um 1550/60. Das erste gedruckte Kochbuch aus der Feder einer Frau stammt von der Anna Weckerin; sie lebte zuletzt in Altdorf bei Nürnberg und das Buch wurde 1598 in Amberg gedruckt. Es waren also früheste und schon deshalb beweiskräftige Kulturzeugen, die der bayerischen Küche ein Adelsprädikat zuerteilten.

Als nach dem dreißigjährigen Krieg, nach Pest und Not und nach neuem Aufleben von Landwirtschaft und Forst, nach dem Erblühen der Naturwissenschaften und der Erschließung des Landes durch Post und Bahn Handel und Gewerbe heranwachsen konnten, schenkte diese Entwicklung natürlich auch der Küche entsprechenden Auftrieb, brachte Verfeinerung, reiche Märkte und volle Töpfe.

Bayern, das Land der Weizenböden und Hopfengärten, der wildreichen Wälder und der saftigen Almen, wurde im Zuge dieser Entwicklung nicht gerade das Land, wo Milch und Honig flossen, aber immerhin ein Land voller Saft und Kraft, das auch seine Küche erblühen ließ. In den Speisekammern drängten sich Schmalztöpfe und Eierkörbe, da hingen fette Gänse und Fasane und das Zerwirkgewölbe in München bot Wild aus königlichen Jagden; da schäumte der Krug, da lockten pralle Würste, krachte die Schweinsschwarte, da warteten goldbraune Küchel.

Und als aus der fürstlichen und herzoglichen Küche die königliche wurde, in diesen gut 100 Jahren der bayrischen Krone von 1806—1918, da schwappte die bisher schon gute Küche nicht etwa über, sondern da wurde sie behäbig, bürgerlich, groß-bürgerlich mit königlichem Gewand aus edlem Silber, schönem Porzellan, mit großer Etikette und strahlendem Glanz. Aber sie blieb eben bayrisch, auch wenn sie auf der goldgerandeten, wappengeschmückten Speisekarte des Hofes in französischer Sprache angezeigt wurde. Man aß Schwarzreiter aus dem Königssee, Wildschweine aus dem Forstenrieder Park, Schwammerl mit Knödeln und Grieß-nockerln, eine „Rahmsulz aux Schmankerl" und zerbrach sich wohl manchmal die Zunge, Einheimisches mit Pariserischem lustig zu vermengen. Zu gleicher Zeit sahen sich der Hochadel wie der bescheidene bayrische Landadel, der Großbürger wie der behäbige Bürger vom Wirtschaftlichen wie vom Stolz des g'standenen Bayern her keineswegs gehemmt, es der volksverbundenen Küche des Hofes nach Möglichkeit gleich zu tun und so entstand in dieser königlich-bayrischen Zeitspanne eine recht feine Küche, zwischen dem Höfischen und dem Gutbürgerlichen gelegen, daß sie als ein Charakteristikum der Epoche gelten kann. Diese Tatsache ist eigentlich noch nirgends herausgehoben, mir aber beim Studium unserer bayrischen Küchenkultur an sich wie insbesondere von Kochbüchern dieser Zeit aufgefallen.

Solche Erkenntnis, gepaart mit Hochachtung vor bayrischer Leistung und meine Liebe zu meiner Heimat im Verein mit meinen Sachkenntnissen auf dem Gebiet Küche und bayrischer Küche ließen mich die Feder ergreifen, um für die oft so mißverstandene und mancherorts auch tatsächlich oft heruntergekommene bayrische Küche eine streitbare Lanze zu brechen.

„Die königlich-bayrische Küche" soll in diesem Sinn Ehrenrettung und Mahnung, Aufmunterung und Lehrmeister sein.

Deshalb: Vivat -
                crescat -
                floreat -
                Culinaria
                Bavariae!

Die gute Rindssuppe

und ihre Knöderl, Nockerl, Schöberl, Krapferl

So zierlich, wie sich's schreibt, so weich wie sich's spricht, so zart und „pflaumig“, so fein und klein müssen sie sein, die Lieblinge der guten Fleischbrühe, die einstmals den Anfang eines jeden Menüs in Bayern bildeten, gleichgültig, ob die große Terrine in Silber bei Hof oder die behäbige Suppenschüssel im Bürgerhaus auf dem Tisch stand. Und überall hat man sich viel Mühe gegeben mit den Suppeneinlagen.

Mannigfach in der Erscheinungsform, geschmackvoll, phantasiereich, inhaltlich von g'standener Herkunft und umringt von vielen lachenden Fettäugerln, so mußte die Suppe auftreten. Sie war ja nicht nur verheißender Beginn, sondern auch Beweis hohen Könnens und überdies eine ausgesprochen traditionsbewußte Angelegenheit.

In Bayern war es bis zum ersten Weltkrieg fast in jedem gehobenen Haushalt Sitte, mittags Siedfleisch zu essen. Dazu gab es Gemüse der Jahreszeit und glänzende, ramerlreiche G'röste oder saure Beilagen. Das klingt vielleicht etwas eintönig, wenn man aber bedenkt, daß von der saftigen Ochsenbrust über die Zwerchrippe, das Scherzl und die Krone, vom Teller- und Beinfleisch bis zum Ochsenschwanz alles auftauchte, was aromatisch saftig und zart war und daß die als Beilage aufgetischte Meerrettichsoße, daß vom Rote-Rübensalat und den feinen Ingwerbirnen, von der Kräutlsoß bis zur Senfmayonnaise eine umfangreiche Skala von Genüssen dazugehörte und daß das Siedfleisch meist nur eine Zwischenspeise oder ein Vorläufer des nachfolgenden Bratens war, so ist dies schon mehr ein feststehendes Gesetz als etwa Phantasielosigkeit. Bei der Suppe wurde üppigerweise oft sogar verlangt, auch noch einen Schinken- oder einen Markknochen, ein Huhn oder etwas Rindsleber mitzukochen, damit ja recht viel „Kraft“ in die Suppe kam und genau so viel Augen heraus- wie hineinlachen konnten.

Diese feine Suppe als Ergebnis des guten Rindfleisches hat natürlich feine Einlagen geradezu herausgefordert und so kam es, daß eine spezielle Suppenkultur entstand, die sich in eben diesen aufwendigen Knöderln und Nockerln, Wandeln und Schöberln manifestierte.

Interessant ist es in diesem Zusammenhang beispielsweise, daß Prinz Ludwig von Bayern, der spätere König Ludwig III., nach den mir vorliegenden Aufzeichnungen seiner Hofköchin Josepha Klinker in Schloß Wildenwarth im Chiemgau täglich mittags Siedfleisch als Zwischenspeise gegessen hat. Ebenso ist aus den Speisekarten des Königlichen Hofes in München ersichtlich, daß im Alltag und im Familienkreis täglich Rindfleisch aufgetischt wurde, allerdings in stets wechselnder Gestalt. Natürlich waren die daraus resultierenden Suppen auch ein fester Bestandteil der Menüs.

Da Suppen in Bayern so eine große Rolle spielten, entfaltete sich natürlich die kochtechnische wie sprachliche Phantasie der Hausfrauen und der Köche entsprechend. Es liest sich so nett, wenn von einer „Bahten Suppen“ (Fleischbrühe mit gebähtem Brot) oder einer „Grimiteisuppn“ die Rede ist. Letztere entpuppt sich als Fleischbrühe mit geriebenem Teig, also einer Art Flöckchen. Eine „Rehnesuppe“ ist eine Königinsuppe (à la reine) und eine „Mogstottelsuppe“ eine Mocturtlesuppe; die „Faule Köchinsuppe“ ist lediglich eine eingekochte Grießsuppe.

Besonders schätzte man liebevoll gestaltete, inhaltsreiche Einlagen. So gab es bei den simpelsten Brotsuppen schon reiche Abwechslung, zum Beispiel aus gebähtem Brot oder verkochte Semmelsuppen, aufgeschmalzte Fastensuppen aus Weiß- oder Schwarzbrot, verkochte Brotsuppen mit Rotwein, halbsüße mit Weinbeeren oder solche mit Speck und Majoran, eben ganz, wie es die Gelegenheit, etwa ein Fasttag oder ein Festtag gebot.

Obenan aber stand bei der Speisenfolge stets die gute Fleischsuppe mit ihren feinen Einlagen.

Geriebene Gerstlsuppe

2 Eier werden mit Salz und Muskat verschlagen und mit soviel Mehl verknetet, daß ein fester Teig entsteht. Er muß etwas übertrocknen; dann reibt man ihn grobbröselig auf dem Reibeisen ab und breitet das „Gerstl" auf einem Brett zum nochmaligen Übertrocknen aus. Hierauf kocht man es in der Fleischbrühe leise köchelnd etwa 20 Minuten zart gar und zuletzt bekommt die Suppe noch ein grünes Petersilie-Lächeln oder ein Schnittlauchgesprenkel.

Käseflockerl-Suppe

1 Eßlöffel Butter, 2 Eier und 2—3 Eßlöffel geriebenen Emmentaler-Käse, 4 Eßlöffel Semmelbrösel, etwas Salz, ganz wenig feingeriebenen Thymian und Suppenwürze verrührt man miteinander und läßt das Ganze kurz quellen. Dann reibt man die halbfest gewordene Masse grob auf einem Reibeisen zu nicht zu großen Flockerln gleich in die kochende Fleischbrühe. Sie wird nun sofort vom Feuer gezogen, damit die Flockerl nur fertig ziehen, aber nicht stark sprudelnd kochen. Dann gibt man noch Petersilie in die Suppe.

Julienne-Suppe

Dazu gehört vor allen Dingen eine ausgezeichnete Fleischbrühe. Um sie zu erhalten, kocht man neben einem Stücklein Rindfleisch, Markknochen, Schinkenknochen oder Speckschwarten, ein Stückchen gehackte Leber oder Milz und, wenn vorhanden, Geflügelknochen aus. Die Suppe muß sehr kräftig sein; sie wird mit etwas Pfeffer, einem Spritzer Weißwein, einer Spur Zucker und Schnittlauch oder Petersilie nachgeschmeckt und fein abgesiebt. Für die Einlage schneidet man eine Petersilienwurzel, $1/2$ Knolle Sellerie, etliche Gelbe Rüben und 1—2 weiße Lauchstangen in zündholzfeine Streifchen, kocht sie in Salzwasser gar und gibt sie dann mit feingehackter Petersilie in die Suppe.

Gebackene Erbsel

Mehl, etwas Milch und 2—3 Eier sowie wenig Salz, nach Belieben auch einen Strich Muskat verschlägt man zu einem leicht dicklichen Teig, wie etwa einem Spätzleteig, und gibt ihn durch ein Lochsieb in heißes Fett, in dem die kleinen Erbsel bald schön hochsteigen und goldbraun backen. Man nimmt sie aus dem Fett und gibt sie mit Schnittlauch in die schon angerichtete Fleischbrühe.

Leberspätzle

Einen guten Eßlöffel Butter, 1 Ei, etwas feingehackte Zwiebel, Salz und eine reichliche Prise Majoran verrührt man und gibt 100—125 g geschabte oder gemixte Rindsleber dazu. Die Masse wird mit 3—4 Eßlöffeln Semmelbröseln, ¹/₂ Eßlöffel Mehl und 1—2 Eßlöffeln Milch zu einer halbfesten Masse angemacht, die noch kurz quellen muß. Dann rührt man sie durch ein groblochiges Sieb in die kochende Suppe. Sobald die Spätzle steigen, ist sie fertig; sie wird mit Schnittlauch angerichtet.

Die Suppe muß ganz bedeckt sein von diesen so verführerisch duftenden, grauen Spatzen.

Grüne Knöpferl

3—4 fein aufgeschnittene Semmeln werden mit knapp ¹/₄ Liter feingehacktem, dickem und recht heißen Spinat übergossen. Man läßt die dann durchgerührte Masse ein wenig quellen. Inzwischen verrührt man ein Stückchen Butter mit 2 Eiern und gibt Salz, etwas Muskat und Pfeffer, gehackte Petersilie und nach Belieben auch ein bissel geriebene Zitronenschale dazu. Die Masse wird mit je einem Eßlöffel Mehl und Bröseln vermischt und dann zu kleinen Knöderln geformt, die man in Salzwasser kocht, bis sie schwimmen und tanzen. Man siebt sie heraus und gibt sie in die Fleischbrühe.

Braune Butterknöpferl

2—3 Semmeln werden fein geschnitten. Man gibt die Schnittchen auf ein Blech und bräunt sie im Rohr hell. Sie dürfen dabei nicht verbrennen! Dieses gedörrte Brot wird nun zerstoßen und mit ein wenig süßem Rahm angefeuchtet. Dann rührt man 80 g Butter mit 2—3 kleineren Eiern, gibt das eingeweichte Brot, etwas Salz und ganz wenig Pfeffer daran und läßt die Masse noch 1 Stunde stehen. Wenn sie nicht genügend fest ist, fügt man noch etwas Mehl oder Semmelbrösel dazu, formt dann kleine Knöpferl und kocht diese gleich in der Fleischbrühe rasch gar; sie darf nicht sprudeln, sondern nur leise köcheln.

Hühnerkrusteln

100—200 g Geflügelreste schneidet man in feine Streifchen. Dann schwitzt man 1 Eßlöffel Butter mit 1 Eßlöffel Mehl, gießt mit wenig Milch auf, fügt Salz, Suppenwürze und das Fleisch hinzu und gibt, wenn der Topf vom Feuer gezogen ist, ein Ei daran. Die dickliche Masse wird auf eine feuchte Platte gestrichen und kühl gestellt. Hierauf schneidet man sie in kleine Stückchen, wendet sie vorsichtig in Ei und Bröseln und bäckt die Krusteln in heißem Fett goldbraun.

Man gibt sie in die fertig angerichtete Suppe und streut Schnittlauch darüber. Das ist eine Hochzeits- oder Sonntagssuppe.

Nockerl

sind der bayrischen Sprache und Schrift angepaßte „Gnocchi" italienischer Herkunft. Sie haben — wer weiß, wann schon eingeführt — ein recht eigenständiges Leben begonnen und sich vielfältig ausgewachsen. Man formt sie bequemerweise mit einem Kaffeelöffel, indem man sie in der linken, naßgemachten Handfläche mehrmals damit dreht. Auf diese Weise werden schön gleichmäßige, längliche Nockerl daraus, die ihrer meist recht zarten Natur wegen nur leise köcheln und nicht zu stark kochen dürfen. Man gibt sie gleich in die Fleischbrühe.

Grießnockerl

Ein richtiges Grießnockerl darf nicht fest und schwer im Suppenteller liegen, sondern muß groß und flaumzart darin schweben. Um dies zu erreichen, läßt man die angerührte Masse wenigstens $1/2$ Stunde quellen.

Das erfolgreichste Rezept lautet: 80 g Butter und 2 Eier rührt man mit 140 g Grieß, Salz, Pfeffer und Muskat gut durch. Der halbweiche Teig festigt sich von selbst, wenn er lange genug stehen bleibt. Man sticht dann mit einem Kaffeelöffel Nockerl heraus, dreht sie damit mehrmals in der linken, naßgemachten Hand und gibt sie in die ziehende Suppe. Nach 15—18 Minuten, je nach Größe, sind sie fertig. Zwei davon genügen je Teller Suppe; Liebhaber bringen's auf 4 Stück! Zuletzt kommt etwas fein gehackte Petersilie in die Suppe.

Butternockerl

100 g Butter rührt man mit Salz, Pfeffer, Muskat und einigen Tropfen Suppenwürze schaumig und gibt abwechselnd mit 100 g Mehl 3 Eier dazu. Man streicht die Masse fingerdick auf ein Brett, läßt sie gut $1/2$ Stunde quellen und sticht dann mit einem Löffel Nocken ab oder schneidet mit einem naßgemachten Messer als Nockerl-Ersatz verschobene Rechtecke daraus. Sie werden in der nur leise ziehenden Suppe 15 Minuten gekocht und müssen groß und federleicht sein. Man kann sie mit Curry gelb, mit viel Petersilie grün oder mit Tomatenmark rot färben und zugleich würzen. Auch bunte Nockerl wirken lustig.

Lebernockerl

1 Löffel Butter, etwas Salz, Pfeffer und Majoran sowie 1 Ei werden schaumig gerührt. Daran gibt man 80 g sehr fein gehackte oder gemixte Rindsleber, 2—3 Eßlöffel Brösel und gehackte Petersilie.

Aus dieser Masse werden nach kurzem Quellen mit dem Löffel kleine Nockerl geformt, die man in der Fleischbrühe vorsichtig 10 Minuten kocht, wobei sie nicht zu stark sprudeln darf.

Schinkennockerl

75 g Butter und 2 Eier werden gut gerührt. Man gibt 200 g Brösel, 8 Eßlöffel Wasser oder Fleischbrühe, 80—100 g feingewiegten Schinken, Salz, Muskat, ganz wenig feingewiegte Petersilie oder Kresse, etwas geriebene Zitronenschale und geriebene Zwiebel sowie einige Tropfen Suppenwürze daran. Nach kurzem Quellen formt man kleine Nockerl, die man 5—7 Minuten leise ziehend durchgaren läßt; die dürfen nicht sprudelnd kochen.

Marknockerl

wie Grießnockerl, aber anstelle von Butter gibt man gehacktes, leicht erwärmtes und dadurch rührbar gewordenes Knochenmark und etwas Thymian daran.

Wildnockerl

80 g Butter und 2 Eier werden gut gerührt. Man gibt 150—180 g feingehackte Reste von beliebigem Wild oder Wildgeflügel, auch ein wenig Wild- oder Geflügelleber, etwas geriebene Zwiebel und eine Prise Knoblauchpulver, geriebene Zitronenschale, Salz, Pfeffer und feingeriebenen Thymian, 125 g Semmelbrösel und 2 Eßlöffel Rotwein oder übriggebliebene Wildbratensoße dazu. Daraus bereitet man mit dem Kaffeelöffel in der Hand kleine Nockerl, die in der Fleischbrühe vorsichtig gekocht werden. Sie dürfen nicht sprudeln. Zu der Suppe kann man nach Belieben noch etwas Parmesan geben.

Pilzknöderl

wie übliche Schinkenknödel, aber anstelle von Schinken gibt man kurz geschmorte, abgetropfte und gehackte Pilze, viel Petersilie und etwas geriebene Zitronenschale daran. Man formt kleine Knöderl, die in der Suppe gar gekocht werden. Zuletzt streut man Petersilie oder Schnittlauch darüber.

Gebackene Schinkenknödel

Die Masse zu Schinkenknödel (wie üblich) wird etwas kleiner geformt; die Knödel werden kurz übertrocknet und dann in heißem Fett schwimmend goldbraun gebacken. Nach gutem Abtropfen gibt man sie in die angerichtete Fleischbrühe. Einer von diesen gehaltvollen Knödeln genügt, wenn man sie nicht allzu klein geformt hat. In gleicher Weise kann man auch Leber- oder Milzknöderl backen.

Fischknödel

Teils rohes, teils gekochtes Fischfleisch wird zweimal durchgedreht. Auf diese Weise stören auch die Gräten nicht mehr. Man verknetet das Fischfleisch, das nach Möglichkeit auch mit Fischleber bereichert wird, gründlich mit Salz, Pfeffer, Petersilie und etwas Suppenwürze. Je länger man knetet, desto bindiger wird die Masse; sie braucht dann weder Ei noch Mehl. Hierauf fügt man Petersilie sowie etwas Saft und Schale einer Zitrone hinzu und formt Knödel oder Nokkerl daraus, die in einer kräftigen Fleischsuppe gekocht werden. Wenn es sich um frisches Fleisch von Flußfischen handelt, das feingewürzt wird, so schmecken die Knödel wie Fleischknödel. Man gibt an die Suppe frischen Kerbel oder Dill.

Milzschnitten

Eine Rindermilz schabt man gut aus und ½ Zwiebel hackt und schmort man in etwas Butter zart weiß durch. Man vereint beides, fügt 1—2 Eier, Salz, Pfeffer, etwas Thymian, Petersilie und Zitronenschale hinzu und streicht die Masse dick zwischen je 2 dünne Weißbrotscheiben. Diese werden in schmale Streifen geschnitten, die man in Fett goldbraun bäckt und dann in die angerichtete, kräftig abgeschmeckte Fleischsuppe gibt. Dieses wirklich feine Rezept stammt aus ältesten Zeiten, ist aber leider heute fast vergessen.

Hirnschöberl

Das gebrühte und gereinigte Kalbshirn wird fein gewiegt und mit zwei milchgeweichten und ausgedrückten Semmeln, Petersilie, Salz, Pfeffer und Muskat vermengt. Man verrührt nun 60 g Butter mit 2 ganzen Eiern und 1 Eidotter, gibt die Hirnmasse daran und streicht sie auf ein gefettetes Blech. Der hell ausgebackene Hirnkuchen wird in Rauten geschnitten, die man in die fertige Fleischbrühe gibt. Die Suppe wird mit Weißwein und Petersilie abgeschmeckt.

Suppenbiskuit

100 g Butter, Salz und Muskat werden gerührt. Daran gibt man 4 Eidotter, 120 g Mehl und zuletzt den steifen Eischnee. Die Masse wird entweder gut 1 cm hoch auf ein gefettetes Randblech gestrichen oder in gebutterte Wandeln (Blechförmchen) gefüllt und 25—30 Minuten im Rohr gebacken. Man kann sie durch Zugabe von feingehacktem Schinken, Pilzen oder Kräuteln, Leber oder Geflügelfleisch beliebig bereichern. Das geschnittene oder aus den Förmchen gestürzte Biskuit wird in die angerichtete Suppe gegeben. Es dient meist als Einlage in eine Hochzeits- oder Primiziantensuppe.

„Mehlschöwerl"

Nimm 8 Loth Butter Abschöpffette oder Schmalz, treibe es recht schön ab, schlage dann 8 Eidotter einen nach den andern hinein und verrühre jeden einzelnen gut, schlage von den 8 Eiweis ein festen Schnee thu in halb hinein, wiege dan 8 Loth Mehl thue es ebenfalls halb hinein und rühre es unter dem Schnee gut ab thue die andern Hälften hinein salze es einwenig, schabe Muskatnuß verrühre Alles gut. Schmiere einen Model mit Schmalz fülle Alles hinein und backe es schön braun. Alsdan schneide in entweder in Stücke oder siede in ganz eine ganze Viertelstunde in guter Fleischsuppe und gieb in dann zu Tisch.

Originalrezept der Maria Schötz, Schloßköchin
in Buchenau 1862

Ein üppiges Rezept aus einer Zeit, da die Eier fast nichts kosteten. Noch 1914 bekam man im Rottal in Niederbayern 33 Stück für 1 Mark!

Wandeln

nennt man eine Art luftiger, duftiger, kleiner Aufläufchen, die in Wandeln zubereitet werden. Und Wandeln wiederum sind die meist runden oder ovalen Förmchen aus Blech oder Ton, in denen der feine, eiertrüchtige Teig gebacken wurde. Das Wort leitete sich von Wanne ab und ist ein nettes, bayerisches Deminutivum. Diese Wandeln waren sowohl feine Suppeneinlage wie, etwas größer gestaltet, eine gute Beilage zu soßigen Braten, denn man benötigte ja Abwechslung, damit es nicht immer nur Knödel und Nudeln gab, nachdem Kartoffeln damals nicht als fein genug galten.

König Max I. Joseph (1806—1825) war dank der Unterstützung durch seinen Minister Graf Montgelas für sein Land ein großartiger Förderer. Im Essen war er anspruchsvoll, doch liebte er wie jeder Bayer täglich sein einfaches Siedfleisch. Dabei amüsierte er sich über die „Vornehmheit" seiner Hofköche, die auf jeder Menükarte immer wieder eine andere, hochgestochene, französische Bezeichnung für Ochsenbrust, Zwerchrippe, Beinfleisch, das Tellerfleisch, die Krone oder den Brustspitz fanden.

König Ludwig I. (1825—1848) hatte viel Familiensinn und war auch gerne mit den Seinen zusammen, aber sein bayrisches Herz schlug wild, als er im Jahre 1835 einmal bei seiner Schwester, der Herzogin von Leuchtenberg, auf der Menükarte „Quenelles" statt Knödeln las. Erst die dazugehörigen „Champignons", die eigentlich ein bayrisches Schwammerlgmüs waren, haben ihn wieder versöhnt.

König Maximilian II. (1848–1864),
ein großer Förderer der Wissenschaft,
der die „Nordlichter" (Schelling,
Görres u. a.) nach Bayern brachte und
der „Gute" genannt wurde, war ein
im Allgemeinen ziemlich gemütlicher
König, kam aber doch einmal in Rage,
als man ihm die tägliche Frühstücks-
semmel, die er mit seinem Pudel teilte,
halbieren wollte. Der Rest der
Geschichte ist Seite 45 nachzulesen.

Der Märchenkönig Ludwig II. (1864–
1886), der sich mehr für die Aufmachung als für den Geschmack des
Essens interessierte, frug einmal einen
Hofangestellten, warum die auf-
getragene Speise „à l'Allemagne"
heiße. Die Antwort: Sie ist schwarz
(Trüffeln), weiß (Eiweiß) und rot
(Paprika) garniert, Majestät. Nach
kurzem Nachdenken meinte Ludwig:
Gibt es keine Zubereitungsart „à la
Bavière"? Man mußte verneinen,
denn blaue Zutaten gibt es nicht in
der Küche.

Prinzregent Luitpold (1886—1912)
war Jäger, Soldat und Naturfreund.
Er schätzte bis ins hohe Alter das kalte
Baden und machte sich ab und zu ein
Vergnügen daraus, bei Einladungen
in Nymphenburg vor dem Diner
in das Wasserbecken der „Badenburg"
zu springen. Dies erwartete er auch
von seinen Gästen, die wohl oder übel
mitspringen mußten, um der hohen
Ehre der begehrten Einladung teil-
haftig sein zu können. Klappernd und
schaudernd saßen sie dann dem fröhlich
schmunzelnden Regenten gegenüber.

König Ludwig III. (1912—1918),
ein anerkannter Landwirt mit Gütern
in Bayern, Ungarn und Böhmen,
wurde anzüglich als der reichste
Monarch Europas betitelt, denn er
war Herr über drei Milliarden,
nämlich süße, saure und gestöckelte
Milli, also 3 Milli-Arten. Gutmütig,
wie er war, hat er das lächelnd, ja
sogar stolz quittiert.

*Das weltberühmte Onyx-Service der Residenz in griechischem Stil,
eine von König Ludwig I., dem Griechenlandschwärmer, angeregte Schöpfung.
Es wurde nur bei besonders großen Empfängen benützt.*

Käsewandeln

100 g Butter rührt man mit 6 Eidottern, 200 g geriebenem Emmentaler-Käse, 3 Eßlöffeln Mehl, 2—3 Eßlöffeln Milch, Salz und Paprika und gibt zuletzt den sehr steifen Eischnee locker darunter. Den Teig füllt man dann in gut gefettete Wandeln. Sie werden bei guter Hitze 10—12 Minuten gebacken, wobei man die Ofentüre nicht öffnet. Die fertigen Wandeln werden sofort in eine angerichtete Fleischbrühe gegeben oder mit einem feinen Salat als kleine Vorspeise oder als Beilage zu einem Braten serviert.

Lungenkrapferl (Ravioli)

Ein Stück gekochte Kalbslunge wird durchgedreht und mit gedämpfter Zwiebel, Petersilie, Salz, Pfeffer und etwas weißer Schwitze zu einem kleinen, dicklichen Ragout verkocht. Inzwischen bereitet man einen zarten Nudelteig, sticht runde Scheibchen aus, füllt je zwei mit dem Lungenragout, drückt die mit Eiweiß bestrichenen Ränder zu, kocht die kleinen Krapfen 15—20 Minuten in Salzwasser und gibt sie dann in die fertige Suppe. Anstelle von Lunge kann man auch Bratenreste, Wild, Huhn, Leber, Schinken, Speck oder Parmesankäse verwenden. Man bindet sie mit Ei und wenig Bröseln.

Bunter Eierstich

Zwei ganze Eier und 3 Eidotter werden mit Salz und Pfeffer sowie ¼ Ltr. Milch verschlagen und in drei kleine Gefäße verteilt. Die erste Partie würzt man noch mit etwas Muskat und die zweite mit 2 Eßlöffeln grünem Saft aus einer Handvoll gemixtem und ausgepreßtem Spinat; man fügt noch 1 Eidotter hinzu. An den dritten Teil gibt man 2 Eßlöffel dickes, schön rotes Tomatenpüree und gleichfalls noch 1 Dotter. Die drei Eimassen läßt man in gefetteten Tassen im Wasserbad stehend dick werden. Dann stürzt man sie und schneidet Würfel daraus. Diesen bunten Eierstich gibt man in die fertige Suppe.

Gebackene Eier

Beliebig viel Eier werden nacheinander in einen Schöpflöffel geschlagen. Von da aus läßt man sie in heißes Schmalz gleiten. Darin bleiben sie 3—4 Minuten, so daß sie innen noch wachsweich sind. Sie werden dann halbiert und auf geröstete Weißbrotscheiben gelegt, die bereits in heißen Suppentellern liegen. Darüber wird nun vorsichtig eine heiße, kräftige Fleischbrühe gegossen und mit Schnittlauch oder nach Belieben auch mit Kerbel oder Kresse gekrönt.

Gefüllte Semmeln

Kleine Semmeln werden geköpft und möglichst weitgehend ausgehöhlt. Man weicht die Mollen (das Innere) ein und gibt ein gekochtes, gehacktes Kalbsbries, 2 Eidotter, Salz, Pfeffer, Muskat, Petersilie und Zitronenschale dazu. Dann verfeinert man die Fülle noch mit 2 Eßlöffeln feingeriebenen Mandeln und mit etlichen geschmorten und gehackten Champignons und füllt sie in die mit Fleischbrühe beträufelten Semmeln. Obenauf gibt man etwas Butter und Parmesankäse und bäckt die Semmeln im Rohr goldbraun. In Suppentellern gießt man eine kräftige, kochendheiße Fleischbrühe darüber.

Gebundene Suppen

Graupen- oder Gerstenschleimsuppe auf Prinzessinnen-Art

200 g Gerste oder Graupen werden in Salzwasser oder in einer Fleischbrühe sehr weich gekocht und nach Belieben durch ein Sieb gegeben. Man fügt eine gute Handvoll weichgekochtes und in schmale Streifchen geschnittenes Hühnerfleisch hinzu, würzt noch mit etwas Zitronensaft oder Weißwein, einem Stückchen Butter und notfalls einem Bouillonwürfel und legiert die Suppe zuletzt mit 2—3 Eidottern und etwas Rahm. Sie darf dann nicht mehr kochen, sonst gerinnen die Eier. Zuletzt streut man Petersilie darüber.

„Mandelsuppe"
Originalrezept von der Frau Gräfin von Tattenbach

Die Mandelsuppe, welche ich warm gegeben habe, ist nichts, als von gesottenen Kapaunen das weiße Fleisch und geschwellte Mandeln eine gute Handvoll untereinander gestoßen, und mit einer Kapaunsuppe durchgetrieben, in einer Messingpfanne herabgesotten und auf Semmelbröckel angerichtet.

Aus „Altadeliges Bayer'sches Koch- und Konfektbuch", München 1837

„Rüben-Polir-Suppe"

Weiße und gelbe Rüben, Zelleri, Bory (Porree), Petersillwurzeln, Kalbshaxen, Rindfleisch, weißen Zwiebel, koche dieses alles recht gut, paßiere es dan durch ein Haarsieb, frikaßire dieses mit Eidotter, und die Suppe ist fertig.

Originalrezept der Maria Schötz, Schloßköchin in Buchenau 1862

„Weißgestoßne Suppe"

Nehme eine übersottene Henne, stoße sie zusammen, röste Semmel, Zwiebel in Butter, auch eine Handvoll gestoßne Mandel, stoße alles untereinander, gib es in ein Häferl, fülle es mit guter Suppe auf, lasse es aufkochen; darein geben kannst du nach Belieben, was du willst.

Originalrezept der Maria Schötz, Schloßköchin in Buchenau 1862

Wie beliebt diese Suppe noch bis ins vorige Jahrhundert war, beweist die Ähnlichkeit dieses und des nachfolgenden Rezeptes aus zweierlei Quellen. Sie stammen aus dem Mittelalter, denn in der ersten europäischen Kochhandschrift, die ausgerechnet bayrisch ist, im „buch von guter spise" 1345, kann man sie schon finden.

Milzpüree-Suppe

1/2 feingehackte Zwiebel wird in Butter hell angeschmort; dazu gibt man 100—150 g geschabte Rindsmilz. Man staubt 2 Eßlöffel Mehl darüber, rührt durch und gießt mit fetter Fleischbrühe auf. Die Suppe wird kurz verkocht und mit Salz, etwas Thymian, Basilikum, Pfeffer, einer Spur Zucker und einem kleinen Spritzer Essig abgeschmeckt. Nach Belieben kann man feingehackten Schinken und Schnittlauch oder geröstete Brotwürfel und Petersilie hineingeben.

Münchner Fischsuppe

Zuerst bereitet man eine leicht gelbliche Schwitze aus reichlich Butter und Mehl, gießt sie mit Fischbrühe auf und kocht sie gut durch. Die Suppe wird mit 2—3 Eidottern und etwas süßem Rahm legiert, mit 1 Eßlöffel Tomatenmark rosa gefärbt und mit einem Eierstich versehen. Man würzt sie mit ganz wenig Muskat, Salz, nötigenfalls mit etwas Fleischextrakt, einem Hauch Zucker und etwas Zitronensaft. Die Originalsuppe wurde einst noch mit einigen ausgelösten Austern verfeinert. Man kann aber auch etliche Krebsschweifel hineingeben.

Fischrogen-Suppe

Rogen von einem Karpfen, Hecht, Huchen oder anderen Flußfischen wird in Salzwasser mit ganz wenig Essig gekocht. Dann bereitet man eine weiße buttrige Schwitze, gießt sie mit Rahm (Milch) und der Kochbrühe samt Rogen auf, würzt mit Salz, Pfeffer, Muskat und ein wenig Ingwer nach und gibt 1/2 Glas Weißwein sowie ein mit Rahm verklopftes Ei daran. Die Suppe wird mit Petersilie grün betupft und war vielfach der Menübeginn am Karfreitag.

Wildsuppen

spielten einst eine große Rolle bei Hof und an den Herrentischen, denn es gab in Bayern viel Wildpret und die Jagd war ja ein Herrensport. Die oft verschossene oder ältere Beute wurde meist zu feinen Suppen verkocht. Daher folgt auch hier eine größere Anzahl von Spezialrezepten dafür. Auch Ludwig II. liebte, seiner schlechten Zähne wegen, Wild am meisten in dieser Form.

Klare Wildsuppe

Frische Wild- oder Wildgeflügelknochen, also solche von nicht zu lange abgelagertem Wildpret, werden kleingeschlagen und nach gutem Waschen und Abtropfen in genügend Fett bei großer Hitze scharf angebraten. Man gibt reichlich Petersilwurzeln, Sellerie, Gelbe Rüben und 1 kleingeschnittene Weiße Rübe sowie 1—2 gehackte Zwiebeln dazu und läßt auch sie noch kurz anbräunen. Dann gießt man mit Wasser auf und fügt 1—2 Markknochen und 1 Stück Schinkenschwarte oder einen Schinkenknochen hinzu. Die Suppe muß noch sehr gut durchkochen; sie wird dann sorgfältig abgesiebt, damit keinerlei Splitter von Röhrenknochen in ihr enthalten bleiben. Sie wird nun nochmals aufgekocht und nach Belieben mit Suppenwürze und Muskat, frischen Kräutern und einem Schuß Sherry oder mit Paprika, einer Spur Zucker und 1—2 Gläschen Weinbrand herzhaft abgeschmeckt. Man kann sie leer in Tassen servieren und nur etwas Petersilie daraufstreuen oder auch Nudeln, Reis oder kleingeschnittenes Wildpretfleisch oder kleine, zarte Zuckererbsen und ein gekochtes, gehacktes Ei, einen Eierstich oder in Streifchen geschnittenen Pfannkuchen hineingeben.

Wildsuppe Diana

In Fett scharf angeröstete, frische Wildknochen werden aufgegossen und mit reichlich Schinkenschwarte, Markknochen und Suppengemüse, Zwiebel, Salz, Pfefferkörnern und Petersilie durchgekocht. Man siebt die Suppe ab, würzt sie nach und gibt Wildklößchen oder in Streifen geschnittenes Wildfleisch und Eierstich hinein. Die Suppe wird zuletzt noch mit ein paar Spritzern Madeira oder Portwein vollendet. Wer es liebt, kann auch etwas Knoblauch darangeben.

Prinz Luitpold-Suppe

Schon als Prinz war der spätere Regent Luitpold ein großer Jäger, der bei aller Gemütlichkeit doch recht auf Form und Tradition achtete. So mußte sowohl alter Jägerbrauch wie höfisches Zeremoniell genau eingehalten werden. Und beim Knödelbogen, dem herkömmlichen Abschlußmahl nach der Jagd, das auch oft Grasmahl hieß, weil es im Freien, meist am Waldrand, stattfand, gab es seine Lieblingssuppe.

1—2 beliebige Wildvögel, die auch zerschossen sein können, oder ein Stück Rehfleisch kocht man mit einem Stück Schinken oder Rauchfleisch und ebensoviel Schweinebauch und reichlich Würfeln von Roten, Gelben und Weißen Rüben, etwas Majoran, Selleriegrün und Petersilie sowie Salz und Pfeffer schön weich. In einem anderen Topf garen inzwischen 125—150 g Linsen. Das gekochte Fleisch wird nun in Streifen geschnitten und mit etwas kleingeschnittener Speckwurst oder einigen Paar Wiener Würsteln sowie den Linsen an die Suppe geben. Man schmeckt sie herzhaft mit Rotwein oder Madeira ab.

Jagdsuppe Sarvar

Sarvar bei Steinamanger war das ungarische Gut von König Ludwig III., wo er auch gestorben ist. Seine Frau Maria Therese, eine Herzogin von Modena-Este, hat es mit in die Ehe gebracht.

Für die Suppe werden beliebige Wildpret-Reste in kleine Würfel geschnitten; man gibt ein Stückchen Räucherspeck, genauso geschnitten, dazu und schmort alles mit einer grobgehackten Zwiebel in Fett an. Dann folgen 1—2 Eßlöffel süßer ungarischer Delikateßpaprika und 1/2 Ltr. Wasser sowie 1/4 Ltr. Rotwein. Wenn die Suppe gut durchgekocht und das Fleisch schön weich ist, dickt man sie mit ganz wenig angerührtem Mehl ein, gibt 1 Tasse sauren Rahm dazu und würzt mit einer Prise Zucker, Zitronensaft, reichlich Kümmel, Salz und etwas Majoran. Die Suppe wird aufgegossen, und muß schön rot und rahmig sein.

Allgäuer Wildsuppe

Beliebige Wildpret-Reste wie auch Fleisch, das man von den Knochen löst, ebenso Leber, Herz, Lunge, Niere, Milz und Hirn sowie das Blut von Wildpret oder Wildgeflügel gibt man durch den Fleischwolf oder in den Mixer. Das Püree wird mit kleinen Speckwürfelchen in etwas Fett mit einer gehackten Zwiebel kurz durchgeschmort und mit etwas Mehl gestäubt. Man gießt mit Wildknochenbrühe auf und kocht die Suppe gut durch. Dann wird sie noch mit Rotwein oder etwas ungesüßtem Johannisbeersaft, einer Spur Zucker, Suppenwürze, Salz und Pfeffer, Muskat, Paprika und zuletzt noch mit 2—3 Eßlöffeln geriebenem Emmentaler-Käse gewürzt. Sie muß kräftig durchgeschlagen werden und heiß, mit viel Petersilie bestreut, auf den Tisch kommen.

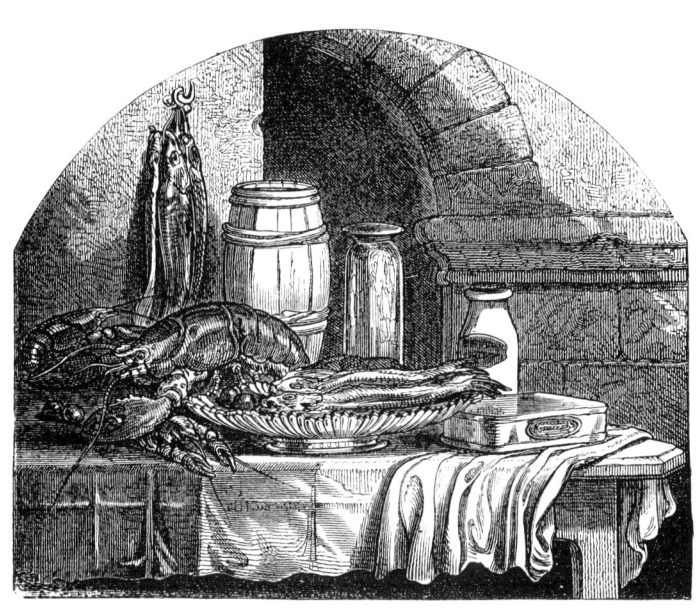

Alte Fastenspeisen

Fastenspeisen spielten einst eine große Rolle und es gab im vorigen Jahrhundert bayrische Kochbücher mit gleich 100 und mehr Fastenrezepten. Ja, der Anteil an Fastenrezepten betrug oft mehr als ein Drittel des gesamten Buchumfanges. Aber sie waren durchaus nicht von karger Art; im Gegenteil, wegen der für sie aufgewandten, oft großen Phantasie waren sie sogar bemerkenswert vielseitig.

Einige Rezepte aus Anna Klara Messenbeck „Baier'sches Kochbuch" von 1850 beweisen dies.

„Fastensauerkraut"

Das Sauerkraut muß wie gewöhnlich gedünstet werden. Indessen schneidet man aus einem gewässerten Häring und aus einem Hechten kleine schmale Stückeln, salze sie ein, wende sie im Mehl um und backe sie aus dem Schmalz, röste auch klein geschnittene Semmelschnitten im Schmalz, mache in ein Kastrol Butter, Milchrahm und Gewürz zurecht, richte eine Lage von dem gedünsteten Kraut darauf, dann von den gebackenen Häring und Hechtenstückeln und etlichen gerösteten Semmelschnitten; hierauf wieder eine Lage Kraut, und so fahre man fort, bis es alles ist, lasse es auf der Glut aufsieden, und bevor man es auftragen will, backe man Eyer darauf, nehme auch einen Pickelhäring, ziehe ihm die Haut ab, schneide ihn zu kleinen Stückeln, und lasse ihn im Butter dünsten, lege die Stückeln auf das Kraut zwischen die gebackenen Eyer, und so ist es fertig. Es genügt wohl auch nur eine Sorte Fisch!

„Besonders geschmackvolle Pastete"

Man mache von Karpfen- und Aalfleisch, Artischockenböden, Schampions, Karpfenmilchner, Krebsfleisch aus den Scheeren und Schwänzen, guten Butter (in Bayern sagte man früher immer d e r Butter), Salz, Pfeffer, Nelken und Fischwürste eine Fülle, backe die Pastete mit dieser Fülle im Ofen und schütte eine weiße Soße mit Zitronensaft daran. — Es schmeckt herrlich.

„Lungenbraten von einem Karpfen"

Wenn der Karpf gehörig geschuppet und aufgemacht ist: so schneide man das Fleisch von den Gräten, röste sodann die Gräten mit Zwiebeln im Butter, nehme das übrige Fleisch noch von den Gräten rein weg, schneide das Fleisch und in Milch geweichte Semmelschmollen, Eingerührtes von drey Eyern, ausgegrätete Sardellen und Zitronenschalen, und formiere daraus einen Fasch, welcher aber sehr fein seyn muß; dann treibe ein Stückel Butter wohl ab, schlage drey Eyerdotter daran, rühre es ab, nehme Semmelbröseln und etwas Mehl auf das Brett, den Fasch dazu, arbeite es untereinander, und formiere einen natürlichen Lungenbraten daraus, gebe selben in ein hiezu taugliches Geschirr, unten und oben Glut, backe ihn recht schön. Indessen mache man eine Kappernsoß mit Obers und Zitronensaft, lege sodann den Lungenbraten, wenn er fertig, hinein, lasse es einen Sud aufthun: so ist es fertig. Man kann auch anstatt des Karpfen einen schönen Hechten nehmen, und hieraus einen Lungenbraten bereiten.

Dieses Rezept ist sichtlich österreichischer Herkunft.

„Weisse Golli zu Fastenspeisen"

Man stosse abgezogene süsse Mandeln, Semmelrinden in Obers eingeweicht, etliche Schleyen oder Rutten, oder Karpfen, recht klein, siede in dünner Erbsenbrühe mit weissen Schampions, Trüffeln, Basilikum, etwas klein gehackte Zwiebeln, lasse dieses alles eine halbe Stunde auf Kohlfeuer recht zusammen sieden, und treibe es durch ein Serviet. (Erbsenbrühe war Fleischbrühersatz.)

„Austernragu. Oder Austern in gewürzter Brühe an Fasttagen"

Man öffne die Austern, steche sie aus ihren Schalen, nehme ihre eigene Soß in eine Schale beyseite, und lege die Austern in siedendes Wasser, lasse sie aber nicht kochen, lege sie alsdann auf einem Teller in ihre eigene Soß, gebe etliche Schampions in ein Kastrol mit einem Stück Butter, giesse etwas gute Fleischbrühe daran. Wenn die Schampions gekocht sind: mache man sie mit einer Kraftsuppe dicht, lege die Austern ohne ihre Brühe hinein, und lasse sie darinn nur heiß werden, so sind sie fertig. Früher waren halt die Austern billiger!

„Biber-Bratwürste"

Da alles, was im Wasser lebt, als Fastenspeise galt, hat man sogar Biber, Duckenten und anderes Wassergeflügel dazu gezählt. Das war natürlich ein eleganter Ausweg, während der langen Fastenzeiten nicht nur von Fischen, Gemüsen und Mehlspeisen leben zu müssen.

Nachstehend das Originalrezept der „Biber-Würste" aus dem Baier'schen Kochbuch der Anna Klara Messenbeck von etwa 1850:

Man putze den Schweif vom Biber, siede ihn weich, und schneide ihn zu kleinen gewürfelten Stückeln, nehme auch das Blut, weich ein oder zwei Semmeln in Ram ein, schneide einen Zwiebel sehr klein und lasse ihn im Butter anlaufen, gebe Gewürz, Majoran, Butter und Salz dazu, und fülle mit diesen allen wohl abgemischt, die Gedärme des Bibers, welche zuvor sehr rein müssen geputzet werden, übersiede sie ein wenig, dann brate sie, und nehme sie zum Gebrauch.

Auch bei Hof

wurde jeden Freitag und zu allen vorgeschriebenen Zeiten „gefastet", das heißt fleischlos gegessen. Aber mit welch breiter Auswahl! Natürlich waren Fisch und Frösch, Kaviar und Krebse obenan.

Son Altesse Prinz Karl, der Bruder von Ludwig I., für den das Prinz Karl-Palais, der heutige Sitz des bayrischen Ministerpräsidenten gebaut wurde, war ein großer Feinschmecker. Speisekarten, von ihm inspiriert, reichhaltig, raffiniert ausgewählt, in Gold gedruckt, beweisen es. Als Besonderheit sei aus der abgebildeten Menükarte „Fasan nach böhmischer Art" auserwählt. Rezept Seite 148.

Menu du 21 Janvier 1858.

DÎNER

de Son Altesse Royale le Prince

Charles de Bavière

Les Huîtres.

Potages.

Le potage à la royale.
Le potage consommé aux choux-fleurs.

Hors d'Oeuvres.

L'aspic de filets de soles.
Les petits pâtés au jus.

Relevés.

Le saumon à la hollandaise.
Le filet de boeuf aux champignons farçis.

Entrées.

Les filets de poulardes à la macédoine.
Les crépinettes de perdreaux aux truffes.
La casserole au riz à la Toulouse.
Le pâté de foies gras.
Le ponche à la Romaine.

Rôts.

Les chapons truffés.
Les faisans de Bohême.

Entremets.

La chicorée à la crème.
La crème d'abricots à la vanille.
La gelée d'ananas au champagne.

Vins.

Sauternes.
Madère-sec.
Champagne-sec.
Château Lafitte.
Schloß-Johannisberger
Champagne fleur de Sillery
O'Porto-rouge.
O'Porto-blanc.
Muscat Rivesaltes.
Santorin-sec.

Plat doux.

La tourte de bisquit.

Glaces.

La glace aux groseilles.
La glace à la vanille.

Dessert.

Liqueurs.

Kirschwasser.
Anisette.

„Die bayrischen Gewässer haben gar viel Fisch"

Und das machte das Fasten leichter. Im Jahr waren es mit den 52 Freitagen und den großen wie kleinen Fastenzeiten insgesamt 120 Tage, an denen der Fleischtopf nicht dampfen durfte. Man hat es aber doch erstaunlich gut verstanden, trotzdem genußvoll zu speisen und man hat viel Phantasie aufgebracht, etwas Ordentliches auftischen zu können.

Lustiger- und listigerweise wurde alles Getier, das im Wasser lebte denn auch zur Fastennahrung erklärt und so kam es, daß neben Schnecken, Muscheln und Fröschen auch Duckenten und sogar Biber dazugehörten. Aus derartig erweiterter Fastenauswahl konnte bei gutem Willen und fetten Zutaten schon etwas herauskommen, das auch die Fastentage erhellt hat. „Viel Flüß und stehend Gewässer" lieferten ja auch genügend Forellen und Huchen, Waller und Karpfen, Hechte, Renken und Schleien, so daß alle Fischer ihre Netze und Angeln und die Köche und Hausfrauen ihre Schüsseln voll bekommen haben. Auch bei Hof wurden Fische oft serviert; Krebse und Frösche, die es einstmals in Mengen gab, wurden zu den delikatesten Speisen verwandelt. Der Krebs war ja dazumalen keine besondere Delikatesse, sondern ein in Massen auftretendes Getier, das noch dazu von der breiten Bevölkerung gar nicht angenommen wurde. So blieb diese Feinspeise trotz des strapaziösen Verzehrs gut und gern der gehobenen Küche überlassen.

Voran die Forelle

Es gibt sie in den vielen quellfrischen Gebirgsbächen und -Seen glücklicherweise auch heute noch reichlich. Sie wurde oft serviert, zumeist „blau" oder „en beurre", also blaugekocht mit heißer Butter. Bei ihr kamen auch die sonst recht selten in Erscheinung tretenden Kartoffeln zu Ehren. Natürlich kannte man immer schon vielerlei Rezepte für Forellen, aber schön blau auf der Platte liegend, waren sie doch stets Trumpf.

Leider auch in der Gegenwart wird sie so häufig falsch gekocht, nämlich mit starkem Gewürz, oft mit Pfefferkörnern, Wacholder, Lorbeerblatt, Zwiebelringen und viel Essig. Dies alles verfälscht ihren feinen Geschmack. In das Kochwasser gibt man deshalb nur Salz, einen kleinen Schuß Essig oder noch besser ein Glas Weißwein oder 1—2 Scheiben Zitrone, nach Belieben auch ein Sträußel Petersilie, aber kein sogenanntes „Fischgewürz". Wenn das Wasser kocht, legt man die Forellen ein, gießt sofort etwas Kaltwasser dazu, so daß es nur noch leise zieht. Sobald die Augen hervortreten und sich die Flossen leicht lösen lassen, sind die Forellen fertig und sollen nun rasch und heiß auf heißen Tellern serviert werden. Man reicht heiße oder gebräunte Butter, eine Wacholder-Nußsoße (Seite 104), Kaviar-Schlagrahm (Seite 104) oder einen Weinschaum dazu. Auch eine Salatsoße ist gut.

Gefüllte Forellen nach herzoglicher Art

3—4 gleichgroße Forellen werden am Bauch aufgeschlitzt, ausgebreitet und von innen her von der Rückengräte und den großen Seitengräten befreit. Man salzt sie und gibt eine Farce aus etwa 100 g gehacktem Räucherlachs, Kräutern, 1—2 Eiern und etwas milchgeweichter, ausgedrückter Semmel hinein. Dann werden die Forellen in Alufolie gehüllt und auf gefettetem Backblech 15—20 Minuten im Rohr gebacken und zuletzt ausgewickelt. Man serviert sie rasch mit Feingemüse oder auch mit Kartoffeln und Butter oder mit Salaten.

Forellen-Auflauf

Ludwig II., der bayrische Märchenkönig, hatte schlechte Zähne und verlangte daher alle Speisen gut weichgekocht oder ausgelöst. Der zarte Forellen-Auflauf kam seinen Eßwünschen besonders recht, denn er hat keine Gräten.

3—4 Forellen, es können auch unterschiedlich große sein, werden in Weißwein blau gekocht und sorgfältig zu grätenfreien Filets ausgelöst. Man würzt sie mit Salz und Zitronensaft und schichtet sie in eine gebutterte Auflaufform. Dann verschlägt man $^1/_8$ Ltr. dicken, sauren Rahm mit 3—4 Eidottern, Salz, etwas Pfeffer und Muskat, fügt 2—3 Eßlöffel voll Würfel von zartem Butterkäse und zuletzt den steifen Eischnee hinzu. Man kann auch kleingeschnittenen, abgetropften Spargel oder in Butter geschmorte Champignons dazugeben. Diese, zuletzt mit dem steifen Eischnee versehene Schaumsoße gießt man über den Fisch, lockert ihn etwas, so daß er überall gut in der Soße liegt, streut Butterflöckchen obenauf und bäckt den Auflauf dann blond gar.

Saiblinge

auch Schwarzreiter genannt, sind eine besonders feine Salmoniden-Art und nahe Verwandte der Forelle. Ihr zartrosa Fleisch sieht nicht nur äußerst lockend aus, sondern schmeckt auch besonders gut, weil die Fische ja aus eiskalten, klaren Gebirgsbächen und Seen kommen. Besonders die Königssee-Saiblinge sind berühmt und der Königliche Hof hatte sich diesen fürstlichen Genuß sowohl in München wie auch in Berchtesgaden häufig einverleibt.

Man hat sie in vielerlei Form, am liebsten aber doch immer wieder blaugekocht aufgetragen, denn ohne alle weiteren Zutaten schmecken sie am besten. Diese köstlichen Fische können bis 1 kg schwer werden. Man gibt sie, kurz vor dem Kochen erst getötet, also lebend frisch, in kochendes Salzwasser, dem wie bei den Forellen nur wenig Essig oder noch besser Weißwein zugesetzt wurde, und fügt lediglich eine Zitronenscheibe und ein Sträußchen Petersilie, also kein sogenanntes Fischgewürz, auch keine Pfefferkörner, Wacholderbeeren oder sogar ein Lorbeerblatt hinzu. Das würde den feinen Geschmack völlig zerstören! Die Saiblinge werden je nach Größe in leise ziehendem Wasser, also ja nicht kochend, 10—20 Minuten durchgegart und mit brauner Butter oder mit Nußbutter aufgetragen.

Für die Nußbutter röstet man eine Handvoll Haselnüsse, schält sie, reibt sie fein auf und gibt sie an gebräunte Butter, die noch mit Zitronensaft, etwas Salz und feingehackter Petersilie gewürzt wird. Man kann auch noch ein Gläschen Weinbrand hinzufügen.

Saiblingsfilet nach Tegernseer Art

war ein feines Gericht, das Prinz Karl (1795–1875) — Son Altesse Royale le Prince Charles de Bavière — auf seiner Menükarte vom Februar 1843 finden konnte. Mitten unter all den französischen Speisen tauchten „Filets de Saiblings à la Tegernsée" auf und retteten das Renomée der bayrischen Küche. Ebenso wie die „quenelles de semouille" obenan auf der gleichen Speisekarte, die nichts weiter waren als unsere braven Grießnockerl in der Suppe.

Einige Saiblinge werden filetiert, indem man mit einem scharfen Messer das Fleisch beiderseits von Schwanz bis Kopf von der Hauptgräte abschneidet. Dann wendet man die Filets und trennt die Haut ab. Sie werden nochmals längs geteilt und dabei von den Gräten befreit. Diese Filets legt man nun mit reichlich Butter in eine feuerfeste Form, streut Salz, Pfeffer und 4 Eßlöffel feine Kräuter (Estragon, Petersilie, Pimpinelle, wenig Dill) darüber und gibt etwas Sardellenpaste, süßen Rahm und Zitronensaft dazu. In dieser Farce läßt man die Saiblinge garen. Sie werden mit Zitronenschnitzen angerichtet.

Lachs nach Prinz Franz

Der Prinz Franz war ein jüngerer Bruder von Kronprinz Rupprecht. Er weilte oft im Schloß Wildenwarth, dem schön gelegenen, aber bescheidenen Sommer- und Jagdaufenthalt der Wittelsbacher. Dort arbeitete ein Gärtner namens Franz Prinz. Nachdem es in Bayern Sitte ist, besonders in ländlichen Kreisen, den Vornamen nach dem Familiennamen zu nennen, gab es da hin und wieder auch komische Verwechslungen zwischen dem Prinz Franz und dem Franz Prinz, die viel Heiterkeit verursachten und von denen die Einheimischen im Chiemgau gerne erzählten.

Ein großer, schwerer Lachs, es kann auch ein schöner Huchen oder notfalls ein Hecht sein, denn die zartrosa Lachse haben sich heutzutage aus den meisten verschmutzten Gewässern zurückgezogen, wird ganz aufgeschlitzt. Man entfernt von innen her die Rückengräte mit den Seitengräten und salzt den Fisch ein. Dann bereitet man aus etwa 500 g beliebigem weiterem Edelfischfleisch, das durchgedreht wurde, reichlich Kräutern, mit Zwiebel gehackten und in Butter geschmorten frischen Champignons, Petersilie, geriebener Zitronenschale und 2 Eiern eine pikante Farce, die man zum größten Teil in den Fisch füllt, der nun zugesteckt wird. Man legt ihn auf einer großen Speckscheibe in eine Bratreine, deckt ihn mit Kräutchen und Speck zu, brät ihn an und gießt langsam mit 2—3 Gläsern Haute Sauternes und etwas Fleischbrühe auf; die Soße wird noch mit Butter versehen.

Inzwischen wird der Rest der Farce zu

kleinen Nockerln geformt, die man in Salzwasser 15 Minuten kocht und abtropft. Vor dem Anrichten zieht man dem Fisch vorsichtig die Haut ab und legt ihn auf eine große, heiße Platte. Er wird mit 2—3 Spießen garniert, an die man frischgekochte Krebse oder Scampi, Petersiliebüschel und Champignonköpfe steckt. Um den Fisch legt man die Fischnockerl, ferner halbierte, mit Kaviar garnierte Eier, Krebse oder Scampi, Zitronenschnitze und Petersilie.

Hecht mit Sardellen

Ein geputzter Hecht wird geöffnet, geschuppt und vom Kopf befreit; man schneidet ihn dem Rücken entlang etwas auseinander und salzt ihn. Nun gibt man in eine lange Bratreine ein gutes Stück Butter, 2 Eßlöffel gehacktes Suppengemüse und 4—6 filetierte und gewässerte, entgrätete Sardellen und etwas Zitronensaft. Darauf legt man den Hecht, bestreut ihn auch mit Suppengrün, träufelt etwas Butter darüber und brät den Fisch bei guter Hitze gar. Man richtet ihn auf einer Fischplatte an, gießt die Soße samt dem Gemüse darüber, legt Butterflöckchen und geschälte, leicht in Butter gebräunte Mandeln auf und gibt Zitronenschnitze dazu. Wenn man keine so lange Fischplatte besitzt, kann man auch ein sauber gescheuertes, entsprechend langes Brett verwenden und eine Serviette darauflegen. Sie hält auch zugleich den Fisch warm.

Hechtknödel
— Quenelles de brochet —

500 g ausgelöstes und durchgedrehtes Hechtfleisch — es kann sich auch um einen anderen Fisch handeln — würzt man mit Salz und Pfeffer, etwas geriebener Zitronenschale und Zitronensaft, feingehackter Petersilie und einer Prise Muskat. Diesen Teig rührt oder mengt man nun sehr gut ab, bis er von selbst ganz bindig wird; er benötigt weder Ei noch Mehl. Daraus formt man kleine, runde Knödel oder etwas größere Nockerl, die in Salzwasser oder in Fischbrühe 10—15 Minuten leise ziehend gekocht werden. Man hebt sie dann mit dem Löffel heraus und gibt sie in eine Fisch- oder Fleischbrühe oder die etwas größeren Nockerl mit einer feinen Soße zu Salaten. Das ist ein berühmtes Rezept, nach welchem in allen feinen Küchen Europas gekocht wurde. Besonders nett ist, daß man das urtümliche Wort „Knödel" so elegant ins Französische zu übertragen wußte. Wahrscheinlich ist die Anweisung selbst in deutschen oder vielleicht sogar bayrischen Küchen entstanden und von anderen übernommen worden.

Hechtkoteletts in Eierwein-Soße

Von dem dicken Mittelstück eines Hechtes — es kann auch ein Karpfen sein — schneidet man 2 cm dicke Koteletts ab und würzt sie mit Salz, etwas Pfeffer, feingehackter Zwiebel, geriebener Zitronenschale und Petersilie. Dann schichtet man sie ziegelartig in eine feuerfeste Form, verklopft 2—3 Eidotter mit 2—3 Eßlöffeln Rahm und 1 Glas Weißwein, fügt den steifen Schnee hinzu und würzt die Soße mit Salz sowie frischen Kräutern und gießt sie über den Fisch. Er wird im Rohr schön durchgegart; kurz vor dem Fertigwerden gibt man ein Gemisch aus einem geriebenen, säuerlichen Apfel und Bröseln darüber und erhitzt den Fisch nochmals kurz. Er wird mit Zitronenschnitzen serviert.

Hechtenkraut

war nicht gerade das Lieblingsessen unseres Märchenkönigs, aber er hat es sich sogar auf dem Pürschling oder Soiern-See servieren lassen. Sein Koch Theodor Hierneis beschreibt in seinen Küchenerinnerungen recht genau, wie umständlich es war, den seltsamen Ansprüchen seines Königs unter oft recht schwierigen Umständen gerecht zu werden. Was mußte doch alles auf den Berg geschleppt werden, damit das Hechtenkraut auf die Minute genau und mit allem höfischen Prunk mit edelstem Porzellan, Kristallgläsern, Leuchtern usw. aufgetragen werden konnte. So stilwidrig es auch gewesen ist, Ludwig II. war sogar auf der Alm stets großer Monarch. In Erinnerung an ihn und wohl auch, weil es vorher schon ein bekanntes und beliebtes Essen bei Hof war, hat man es immer wieder und besonders bei Gästeessen auf die Tafel gebracht.

500 g Delikateß-Sauerkraut kocht man mit etwas geriebener Zwiebel, Weißwein, einem Spritzer Zitronensaft und ein wenig Zucker zart gar. In der Zwischenzeit bereitet man aus 500 g entgrätetem Hechtfleisch, etwas Salz und Pfeffer, feingehackter Petersilie und Zitronensaft einen tüchtig abgekneteten Fleischbrei, der gut bindig wird. Dann macht man eine weiße Schwitze, die mit einem Stück (gekaufter) Krebsbutter fein abgeschmeckt und mit 1 Dose Krebsschwänzen bereichert wird; man würzt sie mit Salz und etwas Muskat und hält das Ragout nicht zu flüssig. Nun streicht man eine feuerfeste Form dick mit Krebsbutter aus, gibt eine Lage nicht zu nasses Sauerkraut und eine Schicht Krebsbutter darüber und zuletzt das Hechtfleisch. Man füllt die Form abwechselnd mit den angegebenen Zutaten, deckt schließlich mit Sauerkraut zu, streut Brösel darüber, träufelt reichlich Butter darauf und bäckt das Hechtenkraut eine gute halbe Stunde, bis die Oberschicht lichtbraun ist.
Anstelle von Krebsbutter kann man auch Sardellenbutter verwenden.

Karpfen

spielten schon der vielen Fastenzeiten wegen eine große Rolle im alten Bayern und man wußte sie nobel auf den Tisch zu bringen. Ein paar aufwendigere Rezepte sollen Zeugen dafür sein.

Altmünchner Karpfen

Ein geputzter, ausgenommener Karpfen wird innen und außen mit Sardellenbutter und viel feingehackten Kräutern, insbesondere mit Kerbel, Dill und Petersilie eingerieben, noch etwas übersalzen und mit reichlich Olivenöl etwa 25 Minuten im Rohr bei guter Hitze gebraten. Die Soße wird mit Rahm aufgegossen und mit ganz wenig Zucker und etwas Sherry abgeschmeckt. Man serviert ein mit Pfeffer und Fleischextrakt (Suppenwürze) verfeinertes Maronipüree oder nach Belieben auch würzig abgeschmecktes Sauerkraut dazu.

Aischgründer Karpfen

Im Aischgrund, in Würzburg und auch in Rothenburg o. T., wo es viele Karpfenteiche gibt, hat man sich eine besonders feine Zubereitungsart ausgedacht.

Man nimmt kleinere ausgenommene Karpfen, schuppt sie und trocknet sie ab, salzt sie und bäckt sie im Ganzen in einem entsprechend großen Topf in reichlich Butterschmalz. Die Aischgründer schwören auf dieses Fett und lassen keinen Kompromiß zu, wenn der Karpfen als Aischgründer Spezialität auftreten soll. Der Karpfen kann mit „Haut und Haaren", also auch samt seinen resch gebackenen Flossen verspeist werden; sie schmecken wie geröstete Nußkerne. Damit der Karpfen völlig durch wird, läßt man ihn langsam backen und schön goldbraun werden.

Bei größeren Karpfen trennt man nach sorgfältigem Schuppen beide Seiten mit einem scharfen Messer so von der großen Mittelgräte ab, daß Schwanzstück und Kopf zurückbleiben. Dann nimmt man nach Belieben die Flossen ab, wendet den Fisch und gewinnt die andere Hälfte auf die gleiche Weise. Diese beiden Großfilets werden nun wie der ganze Karpfen gesalzen, nach Belieben ganz dünn gemehlt und in Butterschmalz gebacken. Dazu gibt es nur Salate oder gar nur eine Semmel.

Karpfen in Weingelee

Ein mittelgroßer Karpfen wird geschuppt, ausgenommen und in Essig-Salz-Wasser mit Petersilie und Zitronenscheiben 20—30 Minuten leise ziehend durchgegart. Man hebt ihn heraus und nimmt die beiden Seitenfilets vom

Märchenhaft, aber doch bestaunenswert, ist das prächtige Speisezimmer im Schloß Herren-
chiemsee, von dem Ludwig II. träumte, es aber kaum jemals benützt hat. Es blieb ein Märchen!

Prunkterrine mit Bacchus als Deckelbekrönung. Sie gehört zum großen Tafelservice aus vergoldetem Silber, das Max I. Joseph als Repräsentationsgeschirr beschafft hat.

Dieser Teller aus einer Serie mit „Bayrischen Ansichten" zeigt den Alten Hof in München. Soll man bedauern oder sich darüber freuen, daß soviel Schönheit und Kultur „gebraucht" wurde?

Bayrische Jägerin aus dem Biedermeier, Farblithographie aus einer Jahreszeiten-Serie, mit Hase und Wildvogel den ernterreichen Herbst darstellend. Man sieht diesem zarten Frauentyp aber mehr die Hausmutter als den Weidmann an und darf wohl Kochkünste erwarten.

Schwanz bis zum Kopf direkt an der Hauptgräte entlang ab. Dann legt man die Filets, Kopf an Schwanz, auf eine lange Fischplatte, zieht die Haut ab und gießt nach dem Erkalten ein Gelee aus $\frac{1}{8}$ Ltr. Fischsud und $\frac{1}{4}$ Ltr. gutem Weißwein sowie 6 Blatt warm aufgelöster Gelatine so langsam darüber, daß sich eine Glanzschicht bildet. Der erstarrte Fisch wird mit roter Mayonnaise (mit Tomatenmark gefärbt) reich bespritzt. Man garniert ihn mit Kaviar-Eiern oder Lachsrollen, mit Petersilie, Zitronenschnitzen und Mixed Pickles oder dergleichen. Er ist das Glanzstück eines kalten Büffets.

„Bavesen aus Karpfenrogen"

Nimm einen Karpfenrogen, der gesotten ist, röste ihn in Butter, würze ihn gut, ein wenig Muskatblüthe, daran schlag Eier, gar wenig Milchrahm, auch Petersilienkraut hacke darunter, rühr alles wohl untereinander, streiche es auf Semmelschnitten, und leg wieder Semmelschnitten darauf, so viel du machen willst, kehr' sie in Ei um, und back sie in Schmalz, damit sie warm auf die Tafel kommen.

Aus „Altadeliges Bayer'sches Koch- und Konfektbuch", München 1837

Schleien nach Allgäuer Art

1—2 Schleien oder auch ein kleiner Karpfen werden wie üblich ausgenommen und gesalzen. In einer feuerfesten Form brät man dann 6—8 fleischige, geschälte „Liebesäpfel" (Tomaten) mit 2—3 Eßlöffeln Rahm, Salz und Pfeffer durch, würzt mit Essig, einer kleinen Prise Zucker, Salz sowie einer Spur Thymian und legt den Fisch darauf. Man bedeckt ihn ganz mit Scheiben von Emmentaler-Käse, deckt zu und läßt ihn schön zart garen, bis der Käse zerlaufen ist und einen gefälligen Mantel gebildet hat. Zuletzt streut man noch Petersilie und Paprika darauf. Der Fisch wird in der Form serviert.

Würzburger Meefischle

Kleine Weißfischchen verschiedener Art und Größe werden gut gewaschen; die größeren werden aufgeschlitzt und ausgenommen, gesalzen und in Mehl gewendet. Man bäckt sie in heißem Schmalz schwimmend; sie müssen krachfrisch sein. Meist werden sie zum Dämmerschoppen mit einem Bocksbeutel genossen. Man kann sie mit frischen Semmeln oder auch mit Salaten servieren.

„Den böhmischen Fisch"

So heißt es in einem alten niederbayerischen Kochbuch. Es handelt sich um ein urtümliches Karpfenrezept, das seltsam anmutet, aber ausgezeichnet schmeckt. Eben, weil das Rezept so gut ist, sei es hier zum Nachkochen ins Moderne übersetzt.

In einen langen Topf gibt man reichlich Petersiliensträußchen, etwas grobgeschnittenen Sellerie und Gelbe Rüben, eine zerdrückte Zehe Knoblauch, eine aufgeschnittene Zwiebel oder Schalotte, 1—2 Lorbeerblätter, etwas frischen Majoran, einige Zwetschgen und Nüsse, ein gutes Stück dunklen Lebkuchen, 1—2 ganze Nelken, 1 Kaffeelöffel grüne Pfefferkörner, ein Stück geschnittene Zitronenschale und 1/4 Liter dunkles Bier sowie etwas Essig. Dazu kommen dann noch in Schmalz geröstete Schwarzbrotbrösel, so daß die Brühe etwas dicklich ist. In diese Soße, die sehr würzig sein muß, gibt man einen geputzten, zurechtgemachten und gesalzenen Karpfen und läßt ihn zugedeckt darin garen, wobei man ihn einmal umwendet. Der Fisch wird nun herausgenommen und mit heißer Butter übergossen. Die Soße treibt man durch ein Sieb und bringt sie gesondert zur Tafel.

Schnecken in Majoran-Brühe

Für etwa 25 Schnecken bereitet man aus Butter und Mehl eine kleine weiße Schwitze, gießt sie mit heißer Fleisch- oder an Fasttagen mit Fischbrühe auf, gibt feingestoßenen Majoran, frisch oder getrocknet, und etwas geriebene Muskatnuß dazu. Die Brühe wird sehr gut durchgekocht, leicht gesalzen, nach Belieben nochmals mit einem Stückchen Butter verfeinert und mit den vorbereiteten Schnecken zusammen noch etwa 10 Minuten verkocht.

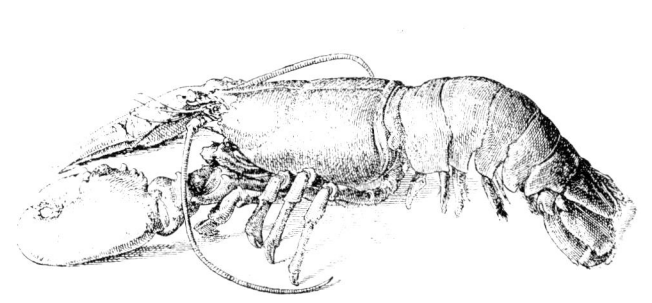

Krebse

Während die Fischer und vor allem die Bauernburschen diese gräuslichen schwarzen Viecher nur fingen und verkauften, aber niemals selber essen wollten, haben sie die Feinschmecker stets besonders geschätzt, auch wenn ihr Genuß recht strapaziös ist. Man sagte ja einst, unterm Krebsessen werde man hungrig. Das passiert uns heutzutage bei den jetzigen Preisen nicht mehr so leicht. Vor guten 100 Jahren aber gab es reichlich Krebse und in München war um das Jahr 1837 der Frosch- und Krebshändler Peter Schindler in der Au sehr bekannt, denn er mußte ja die Klöster, den Hof und auch die Bürger mit Fastenspeisen versorgen. Er holte sich seine Ware aus Niederbayern, vor allem auch aus der Eichstädter Gegend, von welcher der Gastrosoph und Arzt Antonius Anthus 1852 behauptete, dort seien sie besonders groß und auch die besten der Welt.

Schon im Mittelalter war die Verwendung von Krebsen zur Verfeinerung anderer Speisen bekannt. Man hat sie in jeder nur erdenklichen Form und sehr häufig zu Tisch gebracht, ein Beweis, wieviele es gegeben haben mußte, bevor sie die weitum wirkende Krebspest um 1912 so stark dezimiert hat, daß man sie heute wohl noch gelegentlich frisch oder sogar lebend, zumeist aber tiefgefroren oder konserviert bekommt. Das ist zwar bequemer, hält aber geschmacklich keinen Vergleich mit frischen Krebsen aus, die überdies sehr teuer geworden sind. Noch um 1910 konnte man sie in der Pfarrkirchner Gegend um 5 Pfennig das Stück kaufen. Als Dekoration waren ihre roten Scheren und Schwänzchen immer attraktiv und sind es auf einer Festtafel auch noch heute.

Feine Krebsnudeln
— Für einen Fasttag als Vorspeise —

Einen recht zarten Hefeteig läßt man gehen, walgt ihn aus, bestreicht ihn mit frischer Krebsbutter und streut das kleingeschnittene Fleisch der Scheren und Schwänzchen von 15—20 Krebsen sowie etwas Petersilie darauf. Der Teig wird dann zusammengerollt und in kleine Nudeln geschnitten. Diese setzt man wie Dampfnudeln in Milch mit einem Stück Butter, aber statt Zucker mit etwas Salz in einen Topf und deckt ihn mit einem schweren Deckel zu. Die Nudeln werden bei sehr mäßigem Feuer gar gekocht, bis sie schöne braune Ramel haben und die Milch ziemlich eingezogen ist. Dann stürzt man sie auf eine heiße Platte und reicht heiße Krebsbutter dazu.

Hering und Sardellen

Die früher wesentlich geringeren Möglichkeiten, empfindliche Lebensmittel frisch zu halten und die weiten Wege mit schlechten Transportbedingungen haben so manches Stück Fisch, Wild oder Geflügel gerade noch bis an die Grenze des Eßbaren gebracht. Man mußte den Hautgout, den „Hochgeschmack" einfach als gegeben hinnehmen, ja man machte sogar eine Tugend daraus. Heute haben wir es besser und brauchen daher die Speisen auch nicht mehr so stark zu überwürzen, um eben die bereits beginnende Verderbnis für Nase und Zunge zu übertönen.

Das unzureichend gelagerte Fleisch war im übrigen die eigentliche Ursache für den großen Gewürzverbrauch früherer Zeiten und nicht irgendwelche Prunksucht oder gar eine Kochmode, die in Unkenntnis des Zusammenhanges dafür verantwortlich gemacht werden.

Auf Grund dieser Situation wurden früher viel Salzheringe und in der feineren Küche Sardellen verwendet. Sie ergaben mit ihrem starken Salzgehalt und Fischgeschmack eine herzhafte Würze. Vor allem in der Fastenzeit hatten Hering und Sardelle eine wichtige Würzrolle gespielt, gleichermaßen, ob es sich um Fisch- oder um salzige Mehlspeisen handelte. Deshalb findet man sie in alten Kochbüchern auch so häufig. Im übrigen hat schon das alte Rom mit „Garum", einer salzigen Fischlake, gekocht und gewürzt. Sie stellt eine deutliche Parallele zu Sardellen dar.

Frösche in Petersiliensauce

Die Frösche müssen gehörig zugeputzt und gewässert werden, dann schneidet man ihnen die vordern Tatzen ab, steckt die beiden hintern Tatzen ineinander, salzt sie gut ein, und läßt sie eine Zeitlang im Salze liegen. Dann siedet man sie in Salzwasser ab, doch nur so, daß sie einige Male aufwallen, bereitet hierauf eine Sauce mit einem Stückchen Butter, einem Löffel voll Mehl, und einer Handvoll jungem fein geschnittenen Petersilienkraut, dann ein wenig Erbsensud, legt die Frösche darein, läßt sie noch ein wenig damit aufkochen, und trägt sie auf.

Aus „Altadeliges Bayer'sches Koch- und Konfektbuch", München 1837

44

Aus der Hofküche geplaudert

Die Küche bei Hof, ein recht weitläufiges Spezialgebiet in der Münchner Residenz mit vielen, vielen traditionsbeladenen Posten und Pöstchen, hat natürlich auch einfache Vorgänge kompliziert. So erzählt man sich die nettesten Anekdoten um simple Semmeln und blanke Weißwürste, deren Wahrheitsgehalt wohl unbestritten sein dürfte.

König Max II., der Gute genannt, liebte es, zum Frühstück ein krachfrisches Eierweckerl mit seinem Pudel zu teilen. Jahrelang ging das gut, bis man in der Oberrechnungskammer darauf stieß, daß dieses königliche Semmerl täglich auf 5 Gulden zu stehen kam! Das schien zu viel und man meinte im Revisionsamt der Hofküche, daß ein halber Gulden auch für das Frühstücksbrot genügen müsse. Die um ihre mitverspeisten Eierweckerln gekommene Dienerschaft reagierte sauer und boshaft und legte dem König deshalb nur noch ein halbes Weckerl vor. Großes Staunen löste allmählich Wut bei ihm aus. Hungrig zogen Herr und Pudel mit drei herbeigerufenen Küchenbuben aus, um in der Innenstadt bei allen Bäckern frische Eierweckerl zu kaufen. Für ganze 25 Gulden! Die Bäcker freuten sich über ihren Kunden wie über das Versprechen, daß sie von nun an reihum königlich bayrische Eierweckerl liefern könnten. Ob sie dann auch nur einen halben Gulden kosten durften und ob sich nicht auch wieder der halbe Hof daran beteiligt hat, darüber schweigt die Geschichte.

Auch Würstl sind in anekdotischer Erinnerung geblieben. König Ludwig I. sagte einst zu einem Gast: Jetzt möcht' ich just ein Paar Wiener Würstl, worauf ihm erwidert wurde: Ja, warum bestellen Majestät dann keine? Da meinte Ludwig lachend, weil das viel zu lang dauern würde. Kurzum: er versuchte es trotzdem. Aber bis die Bestellung vom ersten zum zweiten Hofdiener, von da in die Küche und dann rangmäßig durch alle Instanzen weiterging und schließlich ausgeführt wurde, waren mehr als 2 Stunden vergangen. Der König hatte sie längst vergessen. Dann lachte er triumphierend: Schaun's, hab' ich nicht Recht gehabt?

Auch die Weißwürste für den Prinzregenten boten das traurige Beispiel, daß sie, in der Hofküche zubereitet, viel zu teuer geworden wären, bis sie über alle Hof- und Kücheninstanzen und infolgedessen mit entsprechenden Kosten dem sparsamen Regenten zugute kämen. Er hat sie deshalb lieber paarweise beim „Bauern-girgl" gegenüber der Residenz holen lassen, wenn er einmal Lust darauf hatte.

Auch bei den Jagdessen spielten alle Sorten bayrischer Würste eine Rolle, wie die erhaltenen Menükarten beweisen. Eine besondere Bewandtnis hatte es mit frischen Wildschweins-Blut- und Leberwürsten. Nach der Jagd wurden den geschossenen Sauen noch warm das Blut abgelassen und die Küchenbuben mußten es während der Fahrt heim in die Küche fest rühren, damit es nicht stockte. Dann gab es massenhaft Würste, die reihum an alle Jagdgäste verteilt wurden, worauf sich alle freuten, denn Wildpret-Würste sind etwas besonderes und ihre Herstellung unmittelbar nach dem Schuß war schon eine Tradition seit kurfürstlichen Zeiten.

Ludwig II. war im Küchen-Service wesentlich anspruchsvoller als seine Vorgänger und seine Nachfahren. Er verlangte sogar hoch droben auf der Alm ein komplettes, höfisches Menü mit aller Etikette, auch wenn er selbst gar kein besonderer Esser war.

Der Koch von König Ludwig II., Theodor Hierneis, schreibt in seinen Erinnerungen „Der König speist": Während des Winters 85/86 ist das Hoflager meist in Hohenschwangau. Am 10. Februar gibt der König früh 7 Uhr, bevor er zu Bett geht, bekannt, daß er in der kommenden Nacht zum Fernpaß fahren wolle. Dort soll auch das Diner serviert werden. Da für die Küche eine Fahrt von 7—8 Stunden bevorsteht, verbleibt für die Vorbereitungen nicht viel Zeit. Das Diner muß sofort in Angriff genommen werden, damit es bei Ankunft des Königs gleich serviert werden kann. Alles hiezu Nötige, wie Service, Gläser, Wein, Bier, Likör, Obst und Dessert, kurz alles, was zu einer reichen Speisenfolge gehört, muß eingepackt wer-

den, ohne etwas zu vergessen. Um 11 Uhr vormittags sind wir soweit, ein Hofschlitten nimmt uns auf, und die Reise kann beginnen.

Der König selbst reiste zumeist mit dem großen, goldenen Schlitten, 4 Pferde vorgespannt und die Spitzenreiter mit brennenden Laternen voraus. So ist der Märchenkönig ja auch vom Bild her bekannt. Für die Küchenbrigade war es weniger märchenhaft!

Nach der langen Anreise wurden die Träger losgeschickt, man brauchte ja Wasser, nicht nur für die Küche, sondern auch für den König, der sofort nach dem Eintreffen ein warmes Bad wünschte. Einer mußte zur nächsten Alm steigen, um frische Milch und Rahm zu holen, andere mußten Eis und Schnee herbeischaffen zur Erhaltung der mitgeschleppten Lebensmittel, zur Kühlung der Getränke und zur Bereitung des Gefrorenen und dann erst geht das Kochen los.

Hierneis berichtet weiter: So gab es auch unter den außergewöhnlichsten Umständen nach der Suppe eine Vorspeise, etwa Pastetchen, gratinierte Muscheln oder ähnliches, dann gekochtes Ochsenfleisch mit frischem Gemüse, ein Gang übrigens, den der König alltäglich wünschte, dann eine Zwischenspeise wie Lammkotelettes mit Kastanienpüree, Hühnerfrikassée, hernach Braten von Wild oder Geflügel nach der Jahreszeit, darauf etwa Dukatennudeln mit Krebsbutter als warme Süß-Speise, Rahmstrudel oder Savarin mit Früchten, dann Eis, Obst, Dessert und Mokka.

Das alles mußte mit dem gewohnten Prunk, mit dem guten Hofsilber, edlem Porzellan, feinen Gläsern und was sonst noch dazu gehörte, serviert werden.

Auf der Hundingshütte wiederum gab es stilgerecht nur einfache Speisen, dazu Met in Ochsenhörnern und auch das Geschirr war der Umgebung mit Fackeln, Bären-fellen und der dachtragenden Weltesche Yggdrasil angepaßt.

Für uns heute ist das ausgesprochen Kitsch; damals war es romantischer Traum.

Die weitläufige Residenz

an der Jahrhunderte gebaut und gestaltet haben, bot vielerlei Möglichkeiten, die verschiedenen Speisefolgen, vom schlichten Familientreffen angefangen bis zur großen Galatafel, aufzunehmen. Je nach Anzahl der Gäste und Anlaß, aber auch je nach Vorliebe der einzelnen Herrscher wurden sowohl die Kurfürstenzimmer, wie der Weiße Saal, die Grüne Galerie, der Herkules-, der Schlachten- wie der Rudolf von Habsburg-Saal oder der große und kleine Wintergarten dazu benützt. Auch die Aufmachung war sehr verschieden. Ludwig I. liebte sowohl den offiziellen Prunk wie die familiäre Atmosphäre. Bei seiner Silberhochzeit, die zugleich das Silberne Jubiläum des Oktoberfestes war, am 12. Oktober 1835, dem Maximilians-tag, feierte er auch die Namenstage von drei Verwandten, nämlich des Kronprinzen, des Herzogs Max und von Max Leuchtenberg mit großem Bankett in den Kur-fürstenzimmern.

Bei einem anderen Fest wurde für 400 Personen eine Art Märchengarten in einem der Prunksäle aufgebaut. Unter großen Orangenbäumen und zwischen vielen blü-henden Sträuchern saßen die Gäste bei Tisch. König Max II. nützte die Tafel zu interessanten Gesprächen mit seinen „Nordlichtern". Er hielt mit ihnen zuerst poetisch-literarische und später wissenschaftlich-enzyklopädische Symposien ab, aus denen bedeutende Institutionen, wie etwa die „Historische Kommission" der Akademie der Wissenschaften und andere entstanden sind.

König Ludwig II. war einerseits ein einsamer Esser, der weniger Wert auf das „Was" als vielmehr auf das „Wie" legte. Oft ließ er, ganz allein bei Tisch sitzend, bis zu vier Gedecken auftragen und prostete dann seinen imaginären Tischgenossen zu, die er mit abwesendem Gesicht namentlich ansprach. Bei Einladungen, die er in späteren Jahren seiner Regierungszeit höchst ungern absolvierte, ließ er allen Prunk der Residenz erglänzen. Wie ein mittelalterlicher Fürst thronte er auf einem Podest unter einem rotgoldenen Baldachin mit Hermelin und zeigte auf Tischen und Kredenzen Mengen von Goldschmiede-Schätzen aus den Sammlungen der Residenz. Bekanntlich gehört ja ihr Silberschatz zu den drei größten der Erde. Einerseits glänzender Monarch in seinem Auftreten, was Tafel und Musik, Pagen, Lakaien, Uniformen und Prunkgewänder anbelangt, war er andererseits ein armer Kranker, der große Blumenarrangements aufstellen ließ, um seine Gäste nicht sehen zu müssen. Am meisten haßte er die sogenannten „Öffentlichen Essen", bei denen die Hofgesellschaft wie Schauspieler bei Tisch saß und das Volk an ihren vollen Prunkschüsseln vorbeidefilieren ließ. So etwa 1873 bei der Hochzeit der Erzherzogin Gisela, einer Tochter der Kaiserin Elisabeth, mit Prinz Leopold von Bayern, einem Sohn des späteren Prinzregenten Luitpold. Dabei wurden der König und die Jungvermählten ganz wie in alten Zeiten vom Oberhofmarschall bedient, während für die übrigen Gäste die Pagen und Hoflakaien sorgten. So war er immer hin- und hergerissen zwischen großem Zeremoniell und seinem krankhaften Hang zur Einsamkeit. Er kam ja zuletzt überhaupt nur noch zwei- bis dreimal im Jahr nach München und in die Residenz. Erst sein Nachfolger, sein Onkel, der Prinzregent Luitpold, nahm den geselligen Faden im königlichen Quartier wieder auf. Seine Einladungen zum Essen waren „menschlicher"; bei ihm galt an sich die Persönlichkeit des Gastes mehr als sein Rang. Es waren vor allem Künstler und Gelehrte, die er zu zwanglosen, wohl sehr höfischen, was den Rahmen angeht, im Ton aber mehr behaglichen Tafeleien einlud. Allerdings hatte er auch seine Eigenheiten. Er bat zum Beispiel erst um 16 Uhr zum Mittagessen oder veranlaßte seine männlichen Gäste bei Herrenessen in der Badenburg im Nymphenburger Park, zuerst mit ihm ein kaltes Bad zu nehmen. Auch bot er gerne seine schweren Zigarren an, so daß es manchem seiner Besucher davon übel wurde. Insgesamt aber war er ein sehr beliebter Gastgeber, mit dem man sich zwanglos unterhalten konnte und nicht auf ein gnädiges königliches Wort warten mußte.

Echte bayrische Schmankerl

Kleine Zwischengerichte

Die gute bayrische Küche kannte vielerlei kleine Feinspeisen, die entweder als Vor- oder Zwischengerichte bei großen Essen oder als Schmankerl galten. So etwa, wenn ein Schwein oder eine Gans im Haus geschlachtet wurden, bekam der Hausherr eine kleine Tellermahlzeit. Ein andermal ein Stück Wammerl mit Senf oder ein gebratenes Gansleberl oder eine frischgekochte Krone, ein zartes Hühnerbrüstchen oder ein gebackenes Briesel. Das gab es am Vormittag um 11 Uhr oder zum Dämmerschoppen am Spätnachmittag und das Gericht trug mit Recht die Bezeichnung „Schmankerl", während man dies von den alltäglichen Brotzeit-Zutaten, wie Leberkäs, Preßsack oder Knöcherlsulz durchaus nicht sagen kann. Sie putzen sich nur zu Unrecht mit dieser liebevollen Bezeichnung von etwas Kleinem, Feinem auf. Ein Schmankerl ist vom Ethymologischen her das zusammengebruzzelte Ramerl (weiteres darüber Seite 196), die Konzentration oder Karamelisierung von Butter und Zucker oder Fleischsaft und Aromen, das undefinierbar delikate Bruzzelergebnis vieler feiner Zutaten in Kleinform. Der Begriff wurde im Lauf der Zeit dann auch auf andere Zuspeisen ausgedehnt, so daß heute schon ein Trumm gewöhnlicher Blutpreßsack zum Schmankerl erhoben wird.

Bleiben wir deshalb beim Ursprünglichen und versuchen wir, was nachstehend als echtes Schmankerl, als kleiner Genuß, als liebevolle Kunstübung auftritt.

Im übrigen wurde in der frühen Küche der Begriff Schmankerl speziell auf das süße Ramerl in Verbindung mit einer Mehlspeise, mit Gefrorenem und dergleichen bezogen. Weiteres darüber Seite 196. Hier soll nur von pikanten Schmankerln die Rede sein.

„Leberpfanzl"

Schäle ein ¼ Pfund Leber recht aus, suche die Fasern heraus, rühre dann 4 Loth Butter pflaumig ab, weiche um 2 Kreuzer Semmel in der Milch, drücke sie sodann aus, und gibt es zum Butter, von 8 Eiern das Klar zu Schnee, etwas Salz, Grünes und Majoran, fülle es in einen Model, und brate es schön heraus.

Originalrezept der Maria Schötz, Schloßköchin in Buchenau 1862

Kalbsbries nach Prinzessin-Art

1—2 Kalbsbriesel werden in Salzwasser mit etwas Essig gekocht und von allen Häuten befreit. Man schneidet sie in möglichst gleichmäßige Scheiben und schichtet diese mit gekochten, kleingeschnittenen Spargeln in eine gebutterte, feuerfeste Form. Dann rührt man 2—3 Eidotter mit 1 Kaffeelöffel Mehl, gibt ½ Tasse süßen Rahm, Salz, ein wenig Pfeffer und Muskat und zuletzt den steifen Eischnee dazu. Diese Masse gießt man über das Bries und streut geriebenen Emmentaler-Käse darüber und bäckt die Form im Rohr goldbraun.

Kalbsbries mit grünen Bohnen
— So liebte es König Ludwig II. —

Das kurzgekochte Bries wird je nach Größe in 2—3 Scheiben geschnitten, gesalzen, paniert, in Butter gebacken und mit jungen, zarten Bohnen garniert.

Bries-Kroketten

1—2 Kalbsbriesel werden in Salzwasser leicht gekocht und gereinigt und dann kleinwürfelig geschnitten. Hierauf dünstet man etwas gehackte Zwiebel oder Schalotte mit etwa 50 g Champignons und gehackter Petersilie kurz in Butter durch, gibt die Briesel dazu und läßt das Ganze auf dem Feuer rührend, ein wenig übertrocknen. Darunter gibt man ein Stück kleingewürfelte Räucherzunge oder Schinken, 2—3 Eßlöffel dicke, weiße Soße, 2 Eidotter, Salz, Pfeffer und ein wenig Zitronensaft. Die Masse wird etwa 3 cm dick auf ein Holzbrett gestrichen und zum Steifen kalt gestellt. Dann schneidet man einige viereckige oder längliche Kroketten daraus, paniert sie und bäckt sie in Fett ringsum goldbraun. Die Kroketten werden mit Petersilie und Zitronenschnitzen auf einem Spitzendeckchen angerichtet. Sie gelten als kleine, feine Vorspeise.

Nieren in Portweinsoße

Eine Kalbsniere wird nahezu ganz von ihrem äußersten Fettkranz befreit; etwas Fett soll daran bleiben. Dann schneidet man 1 cm dicke Scheiben davon, wendet sie in Mehl und brät sie in brauner Butter rasch auf jeder Seite nur 2—3 Minuten. Die Scheiben werden leicht übersalzen und auf eine gut vorgewärmte Platte gelegt. In das Bratfett gibt man noch ein Stückchen Butter sowie $1/2$ Glas Portwein und zieht die Pfanne vom Feuer. Dazu gibt man etwas sauren Rahm, würzt mit Pfeffer und Suppenwürze und gießt diese Soße sofort über die Nieren. Dazu reicht man eine krachfrische Semmel.

Gansleber in Portwein

Eine große Gansleber wird mit geschälten Mandelstiften gespickt, mit Salz und Pfeffer gewürzt und kurz in Butter geschmort. Man legt sie halbiert auf 2 geröstete Weißbrot- oder Semmelscheiben und gibt etwas Portwein in die Buttersoße. Sie wird noch mit einem Spritzer Suppenwürze und Petersilie verfeinert und über die Leber gegossen. Dazu gehört ein Glas Champagner!

Geflügelkroketten nach Montgelas

Graf Maximilian von Montgelas, 1759—1838, war bayrischer Staatsmann und nach erfolgreichen Verhandlungen mit Kaiser Napoleon I. von Frankreich der eigentliche Gründer des Königreiches Bayern.

Feine Geflügelreste, eine Partie gehackte Champignons und in Butter gedünstete Geflügel- oder Kalbsleber, Petersilie, Zitronenschale, Salz, Pfeffer, Muskat und ein wenig Zitronensaft dickt man mit 1 Tasse weißer Buttersoße ein, gibt 2 Eidotter dazu und streicht die Masse gut 1 cm dick auf ein naßgemachtes Brettchen. Man stellt sie einige Stunden sehr kalt und schneidet dann gleichgroße Karos daraus, die vorsichtig gebröselt und in der Pfanne in genügend Butter doppelseitig gebacken werden. Es schmeckt herrlich.

Fasanenwürstel

Von 1—2 jungen (verschossenen) und gebratenen Fasanen schneidet man die Brüste ab und zerkleinert sie. Ebenso macht man dies mit 1—2 Steinpilzen oder großen Champignons und bindet das mit Salz, Pfeffer und Petersilie gewürzte Gemenge mit etwas weißer Schwitze oder 1 Ei und wenig Bröseln. Man verteilt es auf 3—4 dünne Scheiben von gut weich gekochter, geräucherter Rindszunge, rollt sie auf und hüllt sie in Stücke von Schweinenetz oder in große, angefeuchtete Oblaten. Hierauf werden die Würstchen in Butter gebacken. Man kann sie auch vorher panieren. Dazu gibt man Zitronenschnitze.

Ragout-Wandeln

Zwei Semmeln schneidet man in kleine Würfel und röstet sie in wenig Butter hell an. Dann verschlägt man 6 Eier in knapp ½ Liter guter Milch und gießt sie über die Semmelwürfel. Dazu gibt man 2—3 gekochte, kleingeschnittene Kalbsbrieschen, 1 Tasse voll Spargelabschnitte oder gekochte Blumenkohlröschen und, wenn möglich, 1 Tasse kleingeschnittene Krebsschwänze oder Krabben. Man würzt mit Salz, etwas Muskat, ein paar Tropfen Suppenwürze, etwas geriebener Zitronenschale und nach Belieben mit feingehackter Petersilie. Nun legt man kleine Wandeln (Förmchen) mit einem ungesüßten Butterteig oder mit Blätterteig aus, füllt die Ragoutmasse hinein, legt einen Teigdeckel darauf und bäckt die Wandeln im Rohr goldbraun. Man bringt sie gestürzt mit beliebigem Salat zu Tisch. Sie sind eine feine Vorspeise.

Hirn-Pavesen (Bovesen)

Weißbrotscheiben werden mit Milch beträufelt; sie dürfen dabei aber nicht zerfallen. Dann verrührt man ein in Essigsalzwasser gekochtes Kalbshirn, das gut gereinigt wurde, mit 1—2 Eiern, etwas Salz und Pfeffer, Muskat, etwas geriebener Zitronenschale, Suppenwürze und feingehackter Petersilie gut durch, fügt nötigenfalls einige Brösel dazu, damit die Masse nicht zu weich ist, und streicht sie dick zwischen je zwei Weißbrotscheiben. Das Hirn muß gut gewürzt sein!

Man taucht die Pavesen nun in zerklopftes Ei und in Brösel und bäckt sie in genügend Fett auf der Pfanne oder schwimmend in heißem Schmalz goldbraun. Sie sind mit Essiggemüse oder Salat ein feines Brotzeit-Schmankerl.

Kalbszunge

1—2 Kalbszungen werden in Salzwasser mit Suppengrün zartweich gekocht und geschält. Man bereitet dann eine hellgelbe Schwitze, die mit Zungenbrühe und Rahm aufgegossen wird, würzt sie mit Pfeffer, am besten mit grünem Pfef-fer, Kapern, etwas Zucker sowie Zitrone oder Weißwein. Dazu reicht man frische Semmeln.

Man kann die Zungenschnitten auch panieren oder in Backteig tauchen und in Fett golden bräunen.

Fritura mista (vom Hofkoch)

1—2 Kalbsbriesel und ebensoviel Kalbshirne werden gekocht und nach dem Erkalten von den Häuten befreit. Man schneidet sie dann in gleichgroße Stücke; ebenso macht man es mit einer Gänseleber oder 2—3 Hühnerlebern. Dazu gibt man gekochte, abgetropfte und gleichmäßig geschnittene Schwarzwurzeln oder nach Belieben auch Palmito-kohl. Dies alles wird in Ei, Mehl und Bröseln gewendet und in Schmalz gebacken. Man richtet alles miteinander gemischt auf einer Papierspitzendecke an und gibt zuletzt noch ausgebackene Petersilie und Zitronenschnitze dazu. Es wird heiß serviert.

Aus „Altadeliges Bayer'sches Koch- und Konfektbuch", München 1837

Panierte Eier mit Spargel

Hartgekochte Eier werden in Mehl, Ei und Bröseln gewendet und in Butterschmalz goldbraun gebacken. Nach dem Erkalten teilt man sie, würzt sie mit Salz und Pfeffer, legt marinierte Spargelspitzen darauf und spritzt reichlich Mayonnaise darüber. Die Eier werden in angemachten Endivien- oder Chicoree-Salat gesetzt.

Rezept aus Schloß Oberzwieselau im Bayrischen Wald

Käse-Windbeutel mit Champignons

⅛ Liter Wasser, Salz, 40 g Butter und 30 g geriebenen Emmentaler-Käse läßt man aufkochen, gibt 60 g Mehl auf einmal hinein und rührt gut durch, bis sich die Masse vom Topf löst (Brandteig). Sie wird etwas kalt gestellt und nacheinander mit 2 Eiern verrührt. Das erste muß schon fest verrührt sein, wenn das zweite folgt. Mit einem Löffel sticht man 8 Bällchen aus, setzt sie ins heiße Schmalz und bäckt sie 10—15 Minuten. Zu diesen Windbeuteln gibt man frische, aufgeschnittene und in Butter gedünstete Champignons, mit etwas Rahm, Salz, Pfeffer und Petersilie abgeschmeckt.

Rezept aus Schloß Oberzwieselau im Bayrischen Wald

Fischleber-Schnitten

Von mehreren frischen Flußfischen löst man die Lebern sorgfältig von der Galle, wäscht sie, hackt sie grob und schmort sie mit gehackter Zwiebel in Butter nur 2—3 Minuten durch. Dann werden sie mit Salz und ganz wenig Thymian, Pfeffer und feingehackter Petersilie vermischt und auf kleine, geröstete Weißbrotscheiben getürmt. Man reicht Zitronenschnitze dazu. Die Schnitten werden frisch und heiß zu einem Glas Portwein oder Sherry serviert.

Blätterteig-Tascherl

Beliebige Reste von gebratenem Geflügel oder Wild schneidet man in kleine Würfel und schmort sie rasch in brauner, steigender Butter durch. Die Masse wird mit Salz und Pfeffer, etwas Paprika und Majoran oder 3 feinzerstoßenen Wacholderbeeren gewürzt, mit 1 Eßlöffel dickem, saurem Rahm aufgegossen und vom Feuer genommen. Man gibt 1 Eidotter und ganz wenig Brösel dazu. Dann walgt man Blätterteig zu etwa 10 cm großen Quadraten aus, gibt je 1 Eßlöffel Fülle darauf und schließt sie wie Beutel, die man oben zusammendrückt. Man setzt sie nebeneinander in eine feuerfeste Form und bäckt sie bei guter Hitze etwa 15—20 Minuten goldgelb. Sie müssen heiß serviert werden.

Alte Küchenformen

Jede Zeit bringt ihre spezifischen Formen mit sich, auch Kochmoden bedingen sie. Heute sind die alten Stücke entweder verschwunden oder sie hängen als Dekoration an der Wand. Ihre Funktion jedoch ist oft vergessen. Dabei haben sie einstmals dazu geholfen, feine und vor allem schöne Speisen zu schaffen. Die alte Tafelkultur war ja viel aufwendiger und für das Auge großartiger. Man hat sich viel Mühe gegeben mit dem Aufbau einer Pastete oder dem Garnieren einer mehrstöckigen Torte, mit eleganten, hohen Puddings, Timbales und Tartlettchen. Für alles gab es Spezialformen in Blech, in Kupfer oder gar in Silber, in Ton oder Porzellan. Was da alles die Regale und die Schränke füllte, ist noch an so manchem Kochbuch-Titelkupfer zu bewundern.

Ist es schade darum, daß das alles vorbei ist? Teils, teils. Denn zu diesen Formen gehörten auch der entsprechende Lebensraum, die viele Zeit, die zahlreichen hilfsbereiten Hände. Wir wollen darum das Rad beileibe nicht rückwärts drehen, sondern nur die schönen Formen und ihre Verwendungsart in der Erinnerung behalten. Wir sind ja so genügsam geworden, daß ein Auflauf eine Pastete und ein Flammeri einen echten Pudding oder gar ein Packerlkuchen eine elegante Torte ersetzen. Sei's darum, alles hat seine Vor- und Nachteile. Aber in die Zeit der Königlich-Bayrischen Küche gehörten nun einmal die schönen Formen für die Sülze, die Pickelsteiner-Maschine, die irdene Reine für den Gansbraten, die verzinnten Förmchen mit Scharnier für die Quenelles, also die Knöderl und Krapfen in die Suppe, die Timbales für die Sturzgerichte und die Deckelform für den gekochten Pudding. Das war ein Glanz, wenn all die kunstvoll aufgebauten Speisen, reich garniert oder übergossen, flammend oder geeist aufgetragen wurden. Man hatte ja auch stundenlang Zeit, all dies zu genießen und darüber zu plaudern. Das Essen und die drumherum aufgebaute Eßkultur waren eine eigene Welt, um die man sich ja auch heute bemüht, aber unter ganz anderen Gesichtspunkten. Wenn sie hier in etwa wiedererstehen soll, wie sie gewesen ist, so nur darum, sie nicht in Vergessenheit versinken zu lassen.

Und wo noch alte Formen an den Wänden hängen, sollten sie doch einmal nach überkommenen Rezepten wieder erprobt werden. Das ist dann wie das Ansehen eines Trachtenzuges oder das Hören alter Lieder; es ist das liebevolle Versenken in die eigene Vergangenheit im Reich der Culinaria.

Auch ein einfaches Blaukraut zu einem Hirsch- oder Hasenbraten aus solcher Schüssel muß königlich geschmeckt haben. Die geflügelten Löwenfüße und ihre edlen Formen haben damals wie heute entzückt.

König Max I. Joseph durchwanderte mit seiner Familie gerne sein schönes Oberbayern. Dabei bewirteten ihn Tegernseer Bauern mit einer ländlichen Brotzeit, was Quaglio liebevoll festgehalten hat.

Vermittelt dieser Golddekor mit all dem künstlerischen Vermögen auf einem Eßteller nicht eher Scheu als Appetit? Er stammt aus einer Serie mit Kopien berühmter Gemälde und zeigt Gebrauchsspuren.

Schönes altes Kupfergeschirr, wie es im bayrischen Bürgerhaushalt, wie auch bei Hof benützt wurde, um all die feinen Gugelhupf und Wandeln, Sulzen und Schöberln zu bereiten. Da freuten sich Köchin, Hausfrau und Esser.

Aus Bayerns Fleischtöpfen

Natürlich war auch bei Hof der Fleischgang schon immer der Mittelpunkt einer Mahlzeit, wenn nicht gerade Fasttag gewesen ist. Je nach Anlaß trat er großartig als Schaugericht auf oder wurde schlichtweg als Siedfleisch dargeboten. Stets aber wurde er von Wild und Geflügel, Wildgeflügel oder besonderen Schmankerln, also feinen Zwischengerichten, begleitet, abgesehen davon natürlich, daß noch Suppe und Fisch, Vorspeise und Dessert, Käse und Obst die Speisenfolge abrundeten.

Doch bei aller Noblesse der Gerichte war klar zu erkennen, daß die Königlich-Bayrische Küche von der französischen Art, die Speisen bis zur Unkenntlichkeit zu verändern und zu verzieren, völlig abgekommen war. Ein Rindsbraten blieb eben ein Rindsbraten, auch wenn er „Pièce de boeuf rotit" betitelt wurde und man ihn elegant und reich garnierte. Die meisten Fleischgerichte aber blieben bieder bayrisch, so, wie man sie auch heute kocht und ißt.

Die folgenden Rezepte wollen und können natürlich nur eine kleine Auswahl aus der „Königlich-Bayrischen Küche" bringen. Es soll also keinerlei Anspruch auf eine erschöpfende Darstellung erhoben, aber gezeigt werden, wie gut man es einst verstanden hat, auch mit ganz normalen Zutaten fein zu kochen.

Wenn in den Rezepten manchmal moderne Anweisungen für das Würzen zu finden sind, so ist dies wohl ein Anachronismus, denn Suppenwürze, Ketchup oder dergleichen gab es damals noch nicht. Man hatte dafür aber eigentlich immer eine gute, wohl ausgekochte Fleischbrühe zur Hand, mit der sich alles verfeinern ließ. Heute müssen wir uns eben anders behelfen.

Kalbfleisch

galt immer schon als „Halbfleisch", weil seine zarte Qualität weniger ausgibt, als etwa Rind- oder Schweinefleisch. Aber gerade wegen seiner Feinheit wurde es zu besonders guten Speisen verwendet.

Gebröselte Kalbsnuß

Die Kalbsnuß ist eine große, geschlossene Muskelpartie, die man sich beim Metzger aus dem Kalbsschlegel auslösen lassen kann; es genügt aber natürlich auch sonst ein schönes, geschlossenes Stück Kalbsbraten. Man entfernt alle Häute, salzt das Fleisch und brät es in heißem Fett etwa 40 Minuten nahezu gar. Dann nimmt man den Braten aus der Soße, tropft ihn gut ab und bestreicht ihn ringsum mit Senf und verschlagenem Eidotter. Man streut ein Gemisch aus Semmelbröseln und Käse darüber, gibt reichlich Butterflöckchen obenauf und brät nun bei guter Oberhitze weiter, bis die Kruste schön goldbraun und fest geworden ist. Man soll sie dabei mit etwas Soße oder Butter übergießen; sie darf aber nicht verweichen! Die Soße wird zuletzt mit Zitronensaft und Suppenwürze, im Frühling mit etwas Kresse oder Petersilie abgeschmeckt. Zuletzt gibt man noch ein Stückchen Butter hinein.

„Kälberner Schlegel in der Mantilli"

Man legt einen kälbernen Schlegel in Essig, daß er mürbe wird, nimmt einen frischen Speck, schneidet solchen klein, macht mit einem Messer ein Loch in den Schlegel, legt das Geschnittene hinein, steckt solches wieder zu, schlagt ihn in ein Netz ein, spickt ihn über das Netz, bratet ihn schön langsam heraus und macht eine Soß von Kappern darüber.

Aus Anna Klara Messenbeck „Baier'sches Kochbuch" 1850

Gefüllte Kalbsroulade mit Spargeln

Ein flach geschnittenes Stück Kalbfleisch aus der Schulter oder auch ein Nierenbraten von etwa 1 kg Gewicht wird mit Salz und Pfeffer bestreut und mit einer Fülle aus 1 Löffelstich gerührter Butter, 1 Ei, 2—3 Eßlöffeln Bröseln, 1—2 Eßlöffeln feingewiegtem Speck oder Käse, Salz und Pfeffer sowie Muskat bestrichen. Man rollt das Fleisch nicht zu fest zusammen und näht oder steckt es zu. Der Braten wird in heißem Fett auf allen Seiten goldbraun gebraten und zuletzt in gefällige, nicht zu dünne Scheiben geschnitten. Man richtet sie auf einer Platte an und garniert sie mit grünen Bohnen und Spargeln. Die Soße, die man mit etwas Weißwein verfeinern kann, wird gesondert gereicht.

Kalbsbrust nach Wiener Art

wurde besonders dann bei Hof zubereitet, wenn Wiener Besuch zu erwarten war. Man benötigt dazu ein schönes Stück Kalbsbrust, entfernt die Rippen und schneidet sie in 1½—2 cm breite Portionsstücke. Diese werden gesalzen, in Mehl gewendet und mit Zwiebelringen und einigen feingewiegten Perlzwiebeln in genügend Fett beiderseits goldbraun gebraten. Die Soße gießt man mit etwas Weißwein auf und läßt das Fleisch darin zugedeckt etwa 1 Stunde durchgaren. Es muß sehr zart werden. Die Schnitten serviert man auf einer Platte, streut reichlich Schnittlauch darüber und gibt Junggemüse dazu.

Gefüllte Kalbsbrust

Eine Kalbsbrust von etwa 750 g Gewicht wird vorsichtig von allen Rippen und vom Gratknochen befreit. Man löst dann von einer Seite her die Innenhaut mit der Hand so auseinander, daß eine längliche Tasche entsteht. Das Fleisch wird nun innen mit Salz und Pfeffer gewürzt und dann bereitet man aus 50 g gerührter Butter, 1 Ei, reichlich gehackter Petersilie, geriebener Zitronenschale, etwas feingehackter Zwiebel und ein wenig Knoblauchpulver sowie 2—3 gehäuften Eßlöffeln feingeriebenen Haselnüssen oder auch grob gehackten Pistazien, 2 Eßlöffeln Bröseln, Salz, Pfeffer und einigen Tropfen Suppenwürze eine glatte Fülle, die man in die Öffnung schiebt. Man steckt oder näht die Tasche zu; sie darf nicht zu voll sein, damit die Fülle nicht überquillt. Wenn etwas davon übriggeblieben ist, formt man kleine Knöderl daraus, die man in Salzwasser kocht und den Braten damit garniert. Die Kalbsbrust wird unter häufigem Begießen schön goldbraun gebraten und dann in nicht zu dünne Scheiben geschnitten. Die Soße wird mit einem Stück Butter verlängert und mit Petersilie und etwas Zitronensaft oder Sherry nachgeschmeckt. Man reicht Spargel oder Champignons oder ein sonstiges Feingemüse der Jahreszeit als Beilage.

Gebackene Kalbshaxe

Eine Kalbshaxe wird in Salzwasser mit 1/2 Tasse Essig und reichlich Suppengrün sowie Zwiebeln zart weichgekocht. Man schneidet das Fleisch in großen Stücken ab, paniert diese mit Mehl, Ei und Bröseln und bäckt sie in der Pfanne in reichlich Fett goldbraun oder wendet sie in einem Brandteig und läßt sie dann in heißem Fett schwimmend goldbraun backen. Man serviert sie mit Zitronenschnitzen und einer Remoulade sowie einem saftigen Kartoffelsalat.

Saure Kalbshaxe

Eine schöne Kalbshaxe wird in Essigwasser mit reichlich Zwiebeln, einer Nelke und einem Lorbeerblatt sowie Suppengrün zart weichgekocht. Man nimmt sie heraus und richtet sie entweder im Ganzen oder gefällig zerlegt an und gießt etwas nachgesalzene und gepfefferte Brühe darüber. Dazu serviert man Rote Rüben-Salat und geröstete Kartoffeln oder eine Vinaigrettesoße und Sellerie-Kartoffeln. Jedes andere Feingemüse paßt auch dazu.

Kalbsvögerl

sind keine gerollten und gefüllten Kalbsschnitzel, wie man sie häufig offeriert bekommt, sondern es handelt sich um kleine, ausgelöste Muskelpartien aus der Kalbshaxe. Die Stücke sind so groß und sehen so aus, wie kleine, dressierte Vögel; daher auch der Name.

Man reibt die einzelnen Stücke mit Salz und Pfeffer ein und kann sie nach Belieben auch spicken. Sie werden mit ganz wenig Mehl bestäubt und in Fett ringsum rasch goldbraun angebraten. Dann gießt man etwas Weißwein und Rahm daran und läßt sie zugedeckt gardämpfen. Die Soße, die schön goldbraun sein soll, wird immer wieder über die Kalbsvögerl gegossen und zuletzt noch mit Butter verlängert. Sie wird mit Kräutchen oder mit feingeschnittenen Champignons oder nach Belieben auch mit Kapern oder Oliven abgeschmeckt. Man gibt Reis dazu.

Eingemachtes Kalbfleisch

1 kg Kalbfleisch aus der Schulter oder auch vom Schlegel wird in Salzwasser mit Zwiebeln und reichlich Suppengrün schön zart weichgekocht. Gleichzeitig bereitet man aus Mehl und Butter eine hellgelbe, zarte Schwitze, die mit Rahm und der Kalbfleischbrühe aufgegossen wird. Man schmeckt sie mit Salz, Muskat, etwas Zitronensaft, Weißwein, einer winzigen Prise Zucker und Suppenwürze herzhaft ab und gibt das in Scheiben geschnittene Kalbfleisch hinein. Es wird mit Soße übergossen aufgetragen; nach Belieben kann man noch etliche Kapern darüber streuen. Dazu reicht man Reis oder Blätterteighalbmonde.

Gespickte Kalbssteaks

Handgroße Steaks aus dem Kalbsschlegel werden geklopft, tief gespickt und leicht gesalzen. Man brät sie in genügend Butter hell an, gießt das Fett ab und ersetzt es durch Weißwein. Dann gibt man 1—2 Eßlöffel Schwarzbrotrinde und etwas Fleischbrühe dazu, deckt zu und läßt das Fleisch leise köchelnd dämpfen. Inzwischen dünstet man auch ½ gehackte Zwiebel mit 2—3 Sardellenfilets, etwas Rindermark und Zitronenschale (alles gehackt), in Butter durch, fügt (einstmals Trüffeln) etliche frische, aufgeschnittene Champignons, einen Staub Mehl, Salz, Muskat und Petersilie hinzu und gießt diese Farce über die angerichteten, zartweichen Steaks.

Feiner Leberbraten

Ein geschlossenes Stück Kalbsleber wird, soweit nötig, gehäutet und dann mit einem scharfen Messer 3—4 cm tief von oben her eingeschnitten. Man bestreut die Schnittflächen innen mit Salz und Pfeffer und legt geschälte Scheiben von einem säuerlichen Apfel und etwa gleich große Scheiben von Räucherspeck oder fettem Schinken hinein. Dann umschnürt man die Leber mit Faden oder hüllt sie in Bratfolie und brät sie 35—40 Minuten bei guter Hitze. Zuletzt werden Faden oder Hülle abgenommen. Man übergießt die Leber, die noch kurz eine gute Farbe bekommen muß, mit etwas saurem Rahm und schneidet sie in Scheiben, die wie kleine Kronen auf der Platte liegen. Die Soße hat man inzwischen mit saurem Rahm, Rotwein und Fleischextrakt verfeinert und reicht sie gesondert. Man kann sie auch mit fein aufgeblätterten Steinpilzen versehen.

Kalbsleber in Pfeffersoße

Etwas Räucherspeck schneidet man in dünne Stifte und wälzt diese in einem Gemisch aus gehackter Zwiebel und Petersilie, geriebener Zitronenschale und getrockneten Mischkräutern. Damit spickt man $^1/_2$—$^3/_4$ kg Kalbsleber, die schön glatt geschnitten sein muß. Man setzt sie auf einer Speckscheibe in einen Topf und fügt grobgehackten Schinken, ein Bündel gehacktes Suppengrün, 1 Lorbeerblatt und 1 Glas Weißwein hinzu. Sie wird zugedeckt etwa 30 Minuten gedämpft und dann in Scheiben geschnitten. Man gießt eine sehr würzige Pfeffersoße darüber. Für diese kocht man 1 Bündel feingehacktes Suppengrün in 1 Tasse Essig mit 1 Eßlöffel weißen Pfefferkörnern gut durch. Daran gibt man die entstandene Lebersoße, ein wenig angerührtes Mehl oder noch besser 1—2 Eßlöffel braune Schwitze und etwas Suppenwürze. Die Soße wird passiert und mit Salz, Zitronensaft und frischem, grünen Pfeffer scharf nachgeschmeckt.

Kalbsbrust-Knorpel

Das ist eine meist unbekannte Spezialität der alten bayrischen Feinküche. Man nannte sie bei Hof vornehm „Tendrons de veau" und das Rottenhöfersche Kochbuch bringt sogar 15 Rezepte dafür, ein Beweis, wie beliebt diese Speise gewesen ist. Es handelt sich um das Knorpelstück, das entlang den Rippenansätzen von einer großen Kalbsbrust abgeschnitten wird. Dieses Stück mit seinen zarten Fleischteilen zwischen den weichgekochten Knorpeln ist ein Hochgenuß für Feinschmecker! Man kann es verschiedenartig zubereiten:

Zuerst wird das Knorpelstück (notfalls halbiert) auf Speckscheiben gelegt; dann gießt man leicht auf, fügt Zwiebelringe, reichlich kleingeschnittenes Suppengrün (auch getrocknet), Salz und Pfeffer hinzu. Der Topf wird gut geschlossen und der Inhalt etwa 1 Stunde weichgekocht. Man schneidet gleichmäßige Stücke davon und bringt sie entweder mit dem Gemüse oder mit frisch in Butter geschmorten Champignons übergossen zu Tisch. Ebenso kann man eine Currysoße oder Curryreis und eine weiße Frikasseesoße oder junge Gemüse dazugeben. Oder man kann die weichgekochten Knorpelstücke mit Senf einreiben und panieren oder in Backteig tauchen und dann goldbraun backen. Oder mit Parmesan bestreuen und noch kurz im Rohr überkrusten.

Tendrons de veau à la Montgelas

Sogar nach Graf Montgelas ist eine, wenn auch etwas umständliche und aufwendige Zubereitungsart benannt. Dazu werden die gekochten Knorpelstücke mit einem feinen Ragout aus Fasanen- oder Hühnerragout mit Trüffeln und Gänseleber und etwas Schwitze (mit Rotwein und Rahm aufgegossen) bedeckt. Man gibt sie in eine feuerfeste, gebutterte Form, bestreut sie mit Bröseln und Butterflöckchen, überbäckt sie noch kurz und reicht Madeirasoße dazu.

Kalbskopf

Feinschmecker, insbesondere bayrische, behaupten, daß ein richtig zubereiteter Kalbskopf das Fleisch der Schildkröte an Geschmack übertreffe und ihm sehr ähnlich sei. Dazu kommt, daß 1 kg Kalbskopf leichter zu bekommen ist, als 1 kg Schildkröte.

Trotzdem sind in alten Kochbüchern, und gerade auch in bayrischen, vielerlei Schildkröten-Rezepte enthalten. Es wird sogar der Umgang mit diesen exotischen Tieren, zum Beispiel das sachgemäße Töten, eingehend behandelt. Vermutlich haben aber in der Praxis kluge Köche und Hausfrauen den einfacheren Weg gewählt und zum Kalbskopf gegriffen. Dabei betonten sie allerdings auch ehrlich, daß es sich dann um „Kalbskopf en tortue" (nach Schildkrötenart) handelte. Dieses Gericht war eine beliebte Feinspeise beim Bürger wie bei Hof, wo es als „Tête de Veau en tortue" nobilisiert wurde.

Heutzutage scheut die Hausfrau meist das Kochen des ganzen oder halben Kopfes. Das ist schade, denn damit entgeht ihr ein wirklicher Genuß. Zur Anregung jedenfalls nachstehend die besten Rezepte dafür.

Kalbskopf en tortue

¹/₂ Kalbskopf wird in Salzwasser mit reichlich Suppengrün zart weichgekocht und in möglichst gleichmäßige große Würfel geschnitten. Man bereitet dann eine kleine, gelbe Schwitze, gießt sie mit Kochbrühe auf und würzt sie pikant mit Salz und Pfeffer, einer Spur Zucker, etwas Zitronensaft, Suppenwürze und ein wenig Muskat. In diese Soße gibt man das Fleisch, läßt es noch kurz darin ziehen und richtet es in einer Schüssel an, die mit Eieschsteln, kleinen Essiggurken und mit Blätterteig-Halbmonden sowie Petersiliebüscheln festlich garniert wird.

Kalbskopf mit Meerrettich

In einem großen Topf kocht man einen sauber geputzten Kalbskopf in Salzwasser und gibt eine Knolle Sellerie, zwei Gelbe Rüben, eine halbierte Zwiebel und Petersilie dazu. Wenn alles zartweich ist, schneidet man das Fleisch noch warm in großen Stücken ab und das Gemüse in schmale Streifen. Dann bereitet man eine gelbbraune Butterschwitze, die mit Kochwasser aufgegossen und mit Salz, Pfeffer, Suppenwürze, ein wenig Zucker, Essig und frischgehackter Petersilie abgeschmeckt wird. Man gibt das Fleisch samt Gemüse an die Soße, richtet es in einem gespritzten Kartoffelbrei-Ring an und streut frischgeriebenen Meerrettich darüber. Mit geriebenem Apfel wird der Meerrettich milder.

Gebackener Kalbskopf

Ein halber Kalbskopf, den man schon gereinigt und ohne Augen einkauft, wird nochmals sauber gewaschen, nötigenfalls noch nachrasiert und in einem genügend großen Topf in Salzwasser mit Suppengrün und Zwiebeln weich gekocht. Das Fleisch muß sich mit dem Finger leicht von den Knochen lösen lassen. Man schneidet möglichst große Stücke daraus und drückt sie noch heiß in eine Kastenform, so daß keine Zwischenräume bleiben. Die nach dem Erkalten völlig zusammenhaftende Fleischmasse wird gestürzt und in gleichmäßige, dicke Scheiben geschnitten, die in Mehl, Ei und Bröseln gewendet und in genügend Fett goldbraun gebacken werden. Man serviert den Kalbskopf mit Zitronenschnitzen und Petersilie garniert und reicht Salate dazu.

Kalbskopf Vinaigrette

Ein halber Kalbskopf wird in Essigsalzwasser mit Suppengrün schön weichgekocht. Das Fleisch muß sich mit dem Daumen ablösen lassen. Man schneidet es in ganz feine Streifchen oder auch in Würfel und läßt diese über Nacht in einer Soße aus Essig, Öl, einer gehackten Essiggurke, 1 Eßlöffel Kapern, 1—2 gekochten, gehackten Eiern, reichlich Schnittlauch, Petersilie, nach Belieben etwas Kresse oder anderen Gartenkräutern, 1 Kaffeelöffel Senf und etwas Suppenwürze marinieren. Vor Gebrauch muß man nochmals probieren, ob die Soße scharf genug ist. Das Fleisch wird mit Tomaten-, Gurken- und Eischeiben festlich garniert. Man gibt Röstkartoffeln oder frische Brezen dazu.

Gebackene Kälberfüße

sind eine ebenso einfache, wie feine Speise. Man muß sie nur kennen und richtig zubereiten.

3—4 Kälberfüße werden der Länge nach durchgehackt, was man schon beim Metzger machen lassen kann. Man reinigt sie dann noch gut nach und kocht sie in Salzwasser mit reichlich Suppengrün und 1 Glas Weißwein so zart weich, daß man das Fleisch mit dem Finger vom Knochen abdrücken kann. Davon schneidet man möglichst große Stücke, salzt und pfeffert sie, wendet sie in Mehl, Ei und Bröseln, unter die etwas Parmesan-Käse gemischt ist oder in einen Ausbackteig und bäckt sie in heißem Schmalz ringsum goldbraun. Man richtet sie mit grünen Erbsen, zarten Bohnen oder einem anderen feinen Gemüse oder mit Salaten an.

Das Siedfleisch

spielte in der gehobenen bürgerlichen wie in der Hofküche eine große Rolle. Man kochte es, um die guten Suppen zu bekommen, denn Fleischbrühe in Würfeln gab es ja noch nicht und der Fleischextrakt des Herrn Liebig war den einen unbekannt, den anderen zu teuer und den nächsten sogar als „künstliches Zeug" verdächtig. Da blieb eben nur übrig, Fleisch und Knochen, Schinkenschwarten und Hühner auszukochen, damit eine kräftige Grundlage für die geliebten Suppen geschaffen war. Man hat sich, wie in alten Rezepten zu lesen ist, sehr um sie angenommen und viel Grünzeug mitgekocht, aber es erst in der letzten Viertelstunde dazugegeben, damit die volle Aromakraft erhalten blieb.

Die Fleischbrühe war dazumalen auch Gegenstand vieler gelehrter Betrachtungen, angefangen vom französischen Gastrosophen Brillat-Savarin (1826) über Herrn von Vaerst, Carl Friedrich von Rumohr und den bayerischen Arzt und Gelehrten Antonius Anthus aus Amberg (1838). Sie alle schrieben gerade der Fleischbrühe besondere Kraft und Heilwirkung zu. Man benötigte sie daher grundsätzlich zum Verbessern der Speisen und wußte einst auch wesentlich mehr von einer guten Fleischbrühe, als dies heute der Fall ist. Sie wurde nur knapp gesalzen und nur leise ziehend gekocht, häufig abgeschäumt und liebevoll gewürzt.

Das darin gekochte, sogenannte Suppenfleisch mußte natürlich auch verwertet werden. Es war zwar täglich ein anderes Stück, einmal eine Zwerchrippe, dann ein Bruckfleisch, eine Schorrippe, eine Krone, ein Teller-, ein Beinfleisch usw., aber immer ein ausgesprochenes Stück zum Sieden. Man hat es dann auch täglich anders darzubieten verstanden, wie zum Beispiel mit Gemüse oder essigsauren Beilagen, mit Kren oder Roten Rüben, mit einer Kräutlsoße oder Salaten, wie etwa einen rassigen Heringssalat.

Bei Hof, wo der erste Fleischgang gleichfalls immer Siedfleisch war, hieß man es etwa „Pièce de boeuf braisé" oder „Boeuf braisé", „aux Aloyau", „aux choux caves" (mit Kohlrabi) wie auf der Menükarte Seite 91 „boeff garnit de Calrabie" (mit Kohlrabi) oder „à la Wrede", „à la jardinière", „à la flamande", „au rizotto" usw. Es war aber immer Siedfleisch, wenn eben auch „vornehmer" angeboten. Nur wenn hohe Gäste da waren, wurde der gewohnte Siedfleischgang verschämt ausgelassen, denn er war ja typisch bayrisch.

Die Wiener lieben im übrigen auch ihren Tafelspitz und kennen für ihn eine ganze Reihe geeigneter Stücke vom vorderen Rind. Auch bei ihnen galt das Gesetz vom langen und leisen Kochen, vom erst später zugesetzten Grünzeug, von wenig Salz und von der Zugabe von Markknochen, etwas Leber oder Schinkenstückeln und vom mitgekochten Geflügel. Ihre Suppen hatten es ebenfalls in sich; ihre Suppeneinlagen nicht weniger. Und angerichtet wurde und wird der Tafelspitz genauso, mit etwas Fleischbrühe, grob übersalzen, mit Kren oder süßsauren Beilagen, mit Salaten und pikanten Soßen.

Überhaupt haben ja die österreichische und die bayrische Küche viel Gemeinsames gehabt, bevor sie durch zu viel internationalen Krimskrams versnobbten.

Eine originelle, sehr pikante Beilage ist nach altem Brauch:

Häringsalat zum Rindfleisch

Schneide gesottene Kartoffel wie zum Salat, mische dann gewürfelt geschnittene Häringe, Schinken, Kapern, Zwiebel und Äpfel davon, treibe dann den Milchner vom Häring in Essig ab, und nachdem es gesalzen alles durcheinander gegeben.

Originalrezept der Maria Schötz, Schloßköchin in Buchenau 1862

Siedfleisch nach König Ludwig II.

Ein Stück Roastbeef wird fest zusammengeschnürt und langsam 3—4 Stunden gekocht. Sobald es ganz zart weich ist, wird es in 3—4 fingerbreite Scheiben geschnitten und mit etwas Fleischbrühe und dem in Streifchen geschnittenen Suppengemüse überstreut angerichtet. Man garniert mit Petersilie und serviert süßsaure Essig- oder Senffrüchte dazu.

Rindfleisch à la Leuchtenberg

Der Sohn von Eugen Beauharnais und der Prinzessin Auguste von Bayern, der Schwester von König Ludwig I., heiratete die Tochter des russischen Zaren. Über diese Verbindung ist vielleicht dieses russische Gericht nach Bayern gekommen. Es hat die Vorliebe für gekochtes Rindfleisch um eine interessante Variante vermehrt und damit vertieft.

Ein Stück Ochsenbrust wird in ein Gefäß gegeben, das nicht sehr viel größer als das Fleisch sein soll, und mit wenig Salzwasser aufgegossen. Man läßt das Fleisch darin nahezu garkochen. Wenn es nahezu weich ist, gibt man 3 ganze, mit 4 Nelken gespickte Zwiebeln, etwas Muskat und 1 Lorbeerblatt dazu, schüttet gut ¼ Liter süßen Rahm daran und läßt nun die Brühe mit dem Rahm so gut einkochen, bis nur etwa ein 3 cm hoher Stampf im Topf ist. Das Fleisch muß immer wieder hochgehoben werden, damit es unten nicht anbrennt. Dann wird es herausgenommen, in schöne Scheiben geschnitten, mit dem nachgewürzten Rahm übergossen und mit Petersilie garniert.

Ochsenschwanz mit Kren

Ein Ochsenschwanz, schon vom Metzger bei den Wirbeln in Stücke geschnitten, wird in Salzwasser mit Suppengrün langsam köchelnd 2—3 Stunden weichgekocht und mit etwas gesiebter Brühe auf eine heiße Platte gelegt. Man gibt Häufchen von frischgeriebenem Kren (Meerrettich) dazu und garniert mit Petersilie.

Aus Anna Klara Messenbeck „Baier'sches Kochbuch" 1850

Gewickelter Lendbraten

Klopfe den Lendbraten, daß er mürb wird, Zwiebel, Petersil, Bory (Poree), Gelbe Rüben, Citronenschaalen recht fein gewiegt, der Lendbraten gespickt, dann ein starkes Papier mit Butter bestreichen, den Braten mit den Kräutern eingemacht und in das Papier eingewickelt mit Spagat fest verbunden, dann in einen Tiegel gelegt und weich gedünstet, ist er weich kommt das Papier hinweg, mit Mehl bestaubt, etwas Fleischsuppe daran, daß er eine kurze Sauce wird, dann zur Tafel gegeben und geschmalzene Kartoffel dazu.

Originalrezept der Maria Schötz, Schloßköchin in Buchenau 1862

Rindsherz in Specksoße

Eine große, gehackte Zwiebel und 125—150 g würfelig geschnittenen Speck schmort man an und gibt das gereinigte, innen gesalzene und leicht gepfefferte Rindsherz hinein. Man bräunt es rasch auf allen Seiten an und gießt dann die Soße mit etwas Wasser auf und läßt das Herz nun zugedeckt langsam, je nach Größe 1—1½ Stunden, weich schmoren. An die Soße gibt man 1—2 zerdrückte Knoblauchzehen, eine Spur Zucker, etwas Zitronensaft, einige Tropfen Suppenwürze und reichlich Schnittlauch. Man kann sie noch mit Rahm und Rotwein, Champignons oder Steinpilzen verfeinern. Das Herz wird in Scheiben geschnitten, fächerartig angerichtet und mit der Soße samt Speckwürfelchen und Pilzen übergossen. Sehr gut passen Spätzle dazu.

Bunter Filetbraten

Ein Stück gehäutetes, gut abgelagertes Filet wird der ganzen Länge nach abwechselnd und reich mit langen Streifen von Speck, Räucherzunge, halbfertig gekochten Gelben Rüben und großen Essiggurken gespickt. Damit die Spicklöcher groß und lang genug werden, stößt man mit einem Kochlöffelstiel nach. Der Braten wird wie üblich bei großer Hitze gegart; er muß innen noch rosa und saftig sein. Die Soße wird mit Butter und Cognac verlängert.

Räucherzunge in Portwein

Eine geräucherte Rindszunge wird in Salzwasser weichgekocht. Inzwischen bereitet man aus Fett, Mehl und etwas Zucker eine braune Schwitze, die mit Zungenwasser aufgegossen wird. Dann schmeckt man sie mit ein wenig saurem Rahm, Portwein, einer Spur Himbeersaft und ein paar Tropfen Angosturabitter ab und gibt nach Belieben noch 1—2 Eßlöffel Kapern dazu. Die Zunge wird aufgeschnitten und mit Soße übergossen; die restliche Soße wird mit einem Stückchen Butter verlängert. Man reicht zarte Gemüse, Kartoffelbrei oder gebackene Kartoffelnocken und Kastanien dazu.

Beefsteaks mit Ochsenmark

Dicke, kleine und gut abgelagerte Beefsteaks werden mit Salz und Pfeffer bestreut, in Mehl gewendet und auf jeder Seite nur etwa 2½ Minuten in gut heißem Fett rasch durchgebraten. Man richtet sie auf Toastschnitten an, gießt eine vorbereitete, dunkle Soße darüber, die mit reichlich feingehacktem, durchgeschmortem Ochsenmark vermischt wurde, und streut Petersilie darüber. Für die Soße bereitet man eine kleine, sehr buttrige braune Schwitze, die mit Madeira und Rahm aufgegossen, mit etwas Pfeffer aus der Mühle, einer Prise Zucker, einem Spritzer Weinessig und einem Kaffeelöffel Fleischextrakt würzig abgeschmeckt wird. Dazu gibt man Kartoffelbrei und grüne Bohnen.

Pickelsteiner

Das Pickelsteiner in seiner Urform ist ein Eintopfgericht aus dem damals armen Bayrischen Wald. Aber es hat, durch allerlei Zutaten verfeinert, im Lauf der Zeit so viel Gefallen gefunden, daß es sogar in die gute Küche eingegangen ist. Man weiß, daß es durch Herbert von Bismarck, den Sohn des Reichskanzlers, als bayrisches Mitbringsel sogar bis in den Sachsenwald gelangte und daß sein Vater es von da an oft und gern gegessen hat. Es wurde sogar hoffähig und das nachstehende Rezept stammt denn auch aus der Münchner Residenz.

Für die Zubereitung von Pickelsteiner gab es besondere Formen, etwa 10 cm hohe Blechgefäße mit einem hoch übergreifenden Deckel. Sie wurden mit dünnen Scheiben von aufgeblättertem Ochsenmark und reichlich geschnittenen Zwiebeln ausgelegt. Dann gab man insgesamt je ½ Pfund feingewürfeltes Ochsenfilet, Schweinefleisch und Kalbfleisch darauf, streute Salz und Paprika darüber und deckte mit sehr dünnen Scheiben von Gelben Rüben, Sellerie, Lauch und wieder Zwiebeln sowie mit Scheiben oder groben Schnitzen von Kartoffeln ab. Dann folgten sehr viel Kräutl, wie Petersilie, Selleriegrün und wenn möglich, auch etwas Estragon und Pimpinelle. Nun kam wieder die gleiche Schicht Mark und Zwiebel, gewürztes Fleisch und Gemüse; obenauf folgte eine Schicht Kartoffeln. Darüber wurde fette Fleischbrühe und etwas Weißwein gegossen, aber nur so viel, daß die Masse gerade bedeckt war. Mit geschlossenem Deckel kam die Kasserolle jetzt auf die Herdplatte. Nach etwa 25 Minuten wurde sie gestürzt und auch auf der Gegenseite dieselbe Zeit durchgeschmort.
Das Pickelsteiner kann in der mit einer Serviette umhüllten Form aufgetragen oder auch in eine Schüssel umgefüllt werden.

Vom Schweinernen

Schweinefleisch hat früher, weil es alltäglich war, als weniger „vornehm" gegolten und wurde nur in ausgefallenerer Form gewürdigt. Deshalb ist dieses Kapitel auch magerer, als die damals üblichen fetten Säue.

Spanferkel

Ein ganzes Spanferkel ist schon ein attraktiver Braten! Und eine Delikatesse ersten Ranges, weil die resche, goldbraune und saftige Haut etwas ganz Besonderes ist, so daß einmal ein Jäger in einer fröhlichen Herrenrunde auf die Frage nach seinen drei höchsten Wünsche antwortete: „Eine feurige Tscherkessin, 1 Quadratmeter Spanferkelhaut und — mit einem erschrockenen Blick auf den danebensitzenden Geistlichen Rat — und eine seelige Sterbstund'". Aber die Spanferkelhaut war doch die Mitte!

Die Regensburger waren berühmt für ihre Spanferkel und es gab in der Wahlenstraße einen speziellen Spanferkelmarkt, der, obwohl er die ganze Gegend mit seinen Düften verpestete, auch von den Behörden nicht verboten werden konnte, weil die Regensburger Hausfrauen sich ihren Paradebraten nicht nehmen ließen. Und es war ein bekanntes Straßenbild, wenn die drallen Mägde einstmals mit den noch rohen oder schon gebratenen Ferkeln auf dem Weg zum oder vom Bäcker waren.

Ein besonders feines Rezept aus der Münchner Hofküche lautet:

Gefülltes Spanferkel

— Cochon de lait farci —

Hierbei handelt es sich um ein Milchferkel im Alter von 3—4 Wochen. Jünger soll's nicht sein, sonst ist das Fleisch klebrig; älter auch nicht, sonst ist es bereits zu fest.

Man schneidet Herz und Leber des Ferkels, gleichviel gekochten Schinken, ½ Schalotte, etliche Champignons und Petersilie fein und dämpft alles zusammen in Butter. Dann werden noch 125 g Butter mit 2 Eidottern schaumig gerührt und mit obiger Farce und einer Handvoll Bröseln, Salz, Pfeffer und einer Messerspitze gedörrten Kräutern gut vermengt. Diese Masse wird in den Leib eines dressierten und gesalzenen Ferkels gefüllt, dieses gut zugenäht und am Spieß oder im Ofen gebraten. Hierauf wird das Ferkel entweder der Länge nach halbiert, in passende Stücke zerlegt und in seiner früheren Form oder im Ganzen angerichtet. Zuletzt garniert man es nobel mit Spießen, die mit gebackenen Leberstückchen (Trüffeln), Pilzköpfen (Hahnenkämmen) oder mit feinen Bratwürstchen und Schinkenröllchen besteckt wurden. Man gibt eine reich assortierte Salatplatte dazu.

Gefüllte Schweinsbrust

Von einem Stück Schweinsbrust entfernt man die Rippen und untergreift sie so, daß eine Tasche entsteht. Man würzt sie innen mit Salz, Pfeffer und etwas Paprika. Dann rührt man 2 Eier mit reichlich gehackter Petersilie, 1—2

Eßlöffeln Kapern und etwas Schnittlauch, ein wenig geriebener Zwiebel und Zitronenschale, Salz, Pfeffer, 2 Eßlöffeln Speckwürfelchen sowie 2—3 Eßlöffeln gehackten Mandeln und Trüffeln und bindet die Masse mit 3—4 Eßlöffeln Brösel. Nötigenfalls fügt man noch etwas Milch hinzu. Diese halbfeste Masse wird in die Brust eingefüllt. Man steckt oder näht sie zu und brät sie unter häufigem Begießen langsam goldbraun. Die Soße wird mit etwas Butter verlängert und kann durch Zugabe von verschiedenen Kräutern verändert werden.

Fränkische Schweinskoteletts

Schöne Koteletts von einem Jungschwein werden von den Knochen befreit und mit Salz und Pfeffer bestreut und dann in steigender Butter rasch auf beiden Seiten goldbraun gebraten. In der Zwischenzeit hat man einen geschälten Apfel und ein Stück Meerrettich fein aufgerieben und mit einer Tasse Schlagrahm und etwas Salz vermengt. Von dieser Masse setzt man je einen großen Eßlöffel voll auf die fertigen, schon angerichteten Koteletts, die sofort serviert werden. Dazu reicht man braune Butter und beliebiges Feingemüse.

Schweinskäse

Nimm von einem Wildschweine, oder von einem andern Schweine den Kopf, sied ihn in halb Wein und halb Essig und Heublumen ganz weich, daß alle Stücke davonfallen; hernach wenn er gesotten ist, leset man das Fleisch zusammen, legt's in ein sauberes Tuch, pfeffert's recht gut, salzt es, daß es recht ist, und preßt es zwischen zwei Tüchern, bis es zu einem Käse wird; wenn es fest und kalt ist, kann man's essen.

Aus „Altadeliges Bayer'sches Koch- und Konfektbuch", München 1837

Gefüllte Schweinsfüße

Das ist ein besonders feines Herren- oder Jagdessen!
4—5 Schweinsfüße werden gesäubert, notfalls flambiert, damit alle Borsten entfernt sind, und in Salzwasser mit Suppengrün sehr gut weich gekocht. Man schlitzt sie seitlich auf und entfernt die Knochen. Dann bereitet man aus milchgeweichten, ausgedrückten Semmeln, etwas durchgedrehtem Schweinefleisch, 2—3 gehackten, geschmorten Zwiebeln, viel Kräutchen, 2 Eiern, Salz, Pfeffer, etwas Curry und Thymian eine glatte Masse, mit der man die noch warmen Füße füllt. Sie werden zugedrückt, gebröselt und ringsum gebräunt.

Augsburger Köchin aus der königlich-bayrischen Zeit in ihrer gefälligen, biedermeierlichen Tracht.

Untersetzplatte aus dem großen, vergoldeten Tafelservice des König
Max I. Joseph von Bayern.

Lämmernes

Lammrücken nach Hirtenart

1 kg ausgelösten Lammrücken reibt man mit Salz und Pfeffer ein und bestreicht ihn mit weicher Butter. Dann brät man ihn im vorgeheizten Rohr etwa 30 Minuten bei scharfer Hitze, damit er außen schön braun wird, innen aber noch zart rosa ist. Man bestreut ihn mit einem Gemisch aus 3—4 Eßlöffeln Semmelbröseln, 2 mit Salz zerdrückten Knoblauchzehen, 1—2 Eßlöffeln feingehackter Petersilie und 1 Eßlöffel Cognac. Der Braten wird dann nochmals bei guter Oberhitze ins Rohr geschoben, damit die Kruste braun und fest wird. Man übergießt sie dabei noch mehrmals mit etwas erwärmter Butter. Zuletzt schneidet man den Braten vorsichtig auf und gibt die noch mit Kümmel- oder Wacholderschnaps abgeschmeckte Soße dazu. Als Beilage passen grüne Bohnen oder Erbsen und zarte Spätzle oder auch Semmelknödel.

Saures Hammelfleisch

Große Würfel von Hammelfleisch, am besten aus der Schulter, werden leicht gemehlt und in Butter scharf angebraten. Man gießt mit Fleischbrühe und Weinessig auf und dämpft das Fleisch mit Salz, Pfeffer, Kümmel, Knoblauch, gehackter Zwiebel und Thymian zugedeckt weich. $1/2$ Stunde vor dem Garwerden gibt man etliche Kartoffelwürfel und reichlich Kräuter dazu.

Lammkruste aus Sarvar

Sarvar war das ungarische Gut von König Ludwig III., der ja ein leidenschaftlicher Landwirt war und gerne dort weilte. Von den großen Weiden kamen fette Lämmer, so daß ihre Verwertung eine große Rolle spielte und viel Phantasie im Kochen verlangte.

Etwa $3/4$ Pfund übriggebliebenen Lammbraten, 1 eingeweichte und ausgedrückte Semmel, 1 gewässerten, geputzten Salzhering und ein Stückchen Schinken treibt man durch den Fleischwolf und gibt 3 Eidotter, $1/2$ Tasse sauren Rahm, 50 g geriebenen Emmentaler-Käse und zuletzt den steifen Eischnee darunter. Man würzt noch mit Knoblauchpulver, einer guten Prise Thymian und Pfeffer und füllt die Masse in eine ausgefettete, feuerfeste Form. Obenauf gießt man nochmals eine Tasse sauren Rahm, der mit 1—2 Kaffeelöffeln ungarischem Delikateß-Paprika verschlagen wird, und setzt reichlich Butterflöckchen hinein. Die Form wird in der Röhre goldgelb überbacken.

Würste

Würste haben in einem bayrischen Kochbuch nicht viel zu suchen; sie sind ausgesprochene Metzger- oder Gasthausware und werden im Haushalt nicht groß „verkocht". Da gibt es höchstens die abgebräunte Milzwurst, den Regensburger Wurstsalat, die gebratene Geschwollene oder die heißgemachte Lyoner. Aber irgendwelche Kochkunst bedeutet dies alles nicht und der Leberkäs, kalt oder warm oder wieder aufgewärmt, ist auch kein Zeuge besonderer Culinaria, mag er auch noch so bequem sein und schnell Röstkartoffeln oder einen Salat ergänzen oder gar mit „Setzei" auftauchen.

Die vorerwähnten Wurstsorten sind sogenannte Frischwürste, in deren Herstellung die bayrischen Charcutiers immer schon groß waren, während Dauerwürste erst viel später und in der Hauptsache von Norden her bei uns Eingang gefunden haben. Das soll im übrigen durchaus keine Absage an die Wurst sein, sondern nur eine Erklärung, warum sie in diesem Buch fehl am Platz ist und weil sie außerdem kein eigenes Rezept braucht. Höchstens die Milzwurst, die selber gemacht gegenüber der fertig gekauften ungleich gehaltvoller ist, weil sie genug Milz und Bries enthält.

Die Milzwurst

Es gibt verschiedene Anweisungen mit der gestürzten und dann gefüllten Milz, die aber recht umständlich sind und zudem werden die Würste recht klein. Ein bewährtes, oft exerziertes Rezept lautet: Milz, Bries und Hirn und ein Stück Leber von einem frischgeschlachteten Schwein werden in Würfelchen geschnitten. Man gibt 200—250 g halbfettes, durchgedrehtes Schweinefleisch oder gekauftes Schweinswürstlbrät, 2 Eier, 2 milchgeweichte und wieder ausgedrückte Semmeln, etwas feingehackte Zwiebel, Salz, Pfeffer und Muskat dazu und füllt die lose vermengte Masse in ein sauber gereinigtes Stück Schweinsnetz, das man sich beim Metzger besorgt. Es wird zu einer dicklichen Wurst aufgewickelt und wie ein Rollschinken aber locker gebunden. Man kocht die Wurst 35—45 Minuten in Salzwasser nur leise ziehend gar und stellt sie kalt. Die davon abgeschnittenen, nicht zu dünnen Scheiben werden in Mehl, Ei und Bröseln gewälzt und in der Pfanne goldgelb gebacken. Dazu schmeckt saftiger Kartoffelsalat.

Milzwurst in der Brotsuppe

Das ist ein Zwischending von Suppe und Eintopf. Altbackenes Schwarzbrot wird in Wasser vorgeweicht und dann mit guter Fleischsuppe aufgekocht. Man gibt in Schweinefett gebräunte Zwiebelringe, Schnittlauch und zuletzt je Teller 1—2 Scheiben Milzwurst daran, die man noch kurz darin heiß werden läßt. Der Teller wird ziemlich voll gemacht und die Milzwurst schwimmt obenauf.

Die Weißwurst

Natürlich gehören Weißwürste zur bayrischen Küche, aber zur Wirtshausküche, was nicht davon abhielt, daß man sie auch bei Hof schätzte. Der Prinzregent hat sie sogar sehr geschätzt und sich gelegentlich etliche Paare vom Gasthaus „Bauerngirgl" gegenüber der Residenz kommen lassen. Auf die Frage, warum er sie sich nicht in der Hofküche nach eigenem Gusto machen ließe, antwortete er, daß ihm dies zu teuer käme. Auf die erstaunte Frage, wieso die eigenen Weißwürste für ihn zu teuer wären, meinte er: Meine allein gingen ja noch an, aber bis vom Hofmarschall bis zum letzten Küchenbuben alle dann ihre Weißwürste haben, das wär mir viel zu teuer. Si non e vero, e bene trovato.

Wir wollen sie hier auch nicht selber machen, sondern dort genießen, wo sie hergestellt werden und auch hingehören. Im Wirtshaus, was ihrer Güte und Beliebtheit durchaus keinen Abbruch tut. Weißwürste in Dosen sind für einen echten Bayern ein Sakrileg, denn eine Weißwurst muß frisch, heiß und flaumzart sein und darf das Zwölfuhrläuten nicht mehr hören.

Pfanzl und Carminadl

Das sind zwei bajuwarische Ausdrücke für eine Sache. Und beide haben eine originelle sprachliche Wandlung erfahren: es handelt sich dabei um ganz simple Fleischküchel, die aber inhaltlich wie in ihrer Benennung jedes ein eigenes Seelenleben haben.

Die Pfanzl, nicht, wie oft mißverstanden „Pflanzl", leiten ihren Stammbaum von Pfannenzelten her, also flachen Kuchen (Zelten, wie in Lebzelten erhalten), die in der Pfanne gebacken werden. Mit Pflanzen haben sie gar nichts zu tun!

Über die Zelten oder Kuchen sind wir zum Fleischküchel gekommen. Früher aber hießen sie Karbonaden, was vom lateinischen Wort Carbo = Kohle stammt. Sie wurden, als es noch keine Pfannen und keine geschlossene Herdplatte gab, auf dem Rost über der Kohlenglut gebraten. Sprachlich oft mißverstanden und ohne Hemmung auch falsch geschrieben, wurden daraus Carminadel, Kapanaten, Karwenaden und ähnliches mehr. Aber immer, wenn auch sprachlich reich variiert, waren es Pfanzel oder Küchel. Man hat sie, je nach Gegebenheit, aus Fleisch, Fisch, Gemüse und insbesondere aus Resten hergestellt. Wenn sie fein sein sollten, auch aus Krebsen und Bries, aus Fasanenfleisch und Schinken, aus Gänseleber mit Trüffeln, aus Huchenleber mit Champignons. Je nach Inhalt gehörten sie dann als exquisite Vorspeise zum Menü, als Schmankerl zum Frühstück, als Sparrezept zum Fasttag oder als Lumpensammler zum Alltag.

Es gibt unzählige Rezepte dafür, aber eigentlich nur eines: Hauptmasse, Füllmasse, Gewürze und dann Pfanzl geformt und gebacken. Ein Beispiel

Kalbsbrisoletten für König Ludwig

Zartes Kalbfleisch und ein Kalbsbries werden feingehackt, nicht durchgedreht. Man gibt gehackte Champignons, 1 Eßlöffel Brösel, 3—4 Eier, Salz, Pfeffer, Muskat, Petersilie, Zitronenschale und etwas -saft sowie 1 Kaffeelöffel Mehl dazu und gießt diese halbfeste Masse in die mit heißer Butter halbgefüllten Vertiefungen einer Spiegeleierpfanne (man kann beim Fehlen einer solchen auch gebutterte Nester aus Alufolie drücken). Dann bäckt man die Brisoletten rasch zart-gar und bringt sie mit gehacktem Schinken oder mit in Butter gedämpften Krebsschwänzeln oder Champignons überstreut zu Tisch und reicht frischen Spargel dazu. Das ist sowohl eine feine Vorspeise wie auch ein Schmankerl.

Der Münchner Viktualienmarkt

ist auch heute noch nicht nur eine geliebte und originelle Stadtregion, sondern eine altüberkommene Institution mit eigenen Gesetzen und einer besonderen Schauträchtigkeit. Sogar einen eigenen Viktualienmarkt-Fasching gibt es; seine Sprache, seine Standlfrauen und Kräutlmander sind ebenso berühmt, wie die Denkmäler der Münchner Originale, die dort stehen, Karl Valentin, Lisl Karlstadt, Weiß Ferdl. Und daß er als bunter Lebensmittelmarkt, dem er ja auch seinen Namen (victualia) verdankt, eng in die Jahreszeit eingebaut ist, das macht seinen besonderen Reiz aus. Den heißen Maroni im Januar folgen die Palmkatzerl und Faschingskrapfen im Februar, die Kräutl für die Münchner Gründonnerstagsuppe, der Karpfen für den Karfreitag und dann geht es den Schuß- und Fangzeiten entsprechend weiter durch das ganze Jahr. Zu Martini protzen pralle Gänse mit ihrem Fett und im Advent leuchten die roten Bänder und Kerzen aus den grünen Gebinden.

Als da einmal eine Zugroaste die blaue Farbe so einer Festgans bekrittelte, meinte die resolute Marktfrau zu ihr: „Wenn Sie bei dera Kält'n nackert daliegen tat'n, warn's a blau". Ja, so sans, die alten Rittersleut und Standlweiber. Nie verlegen, schlagfertig, auch wieder geduldig, gutmütig und geschäftstüchtig. Es ist, selbst wenn man schwer bepackt ist, eine Freude durch die Budengassen mit all ihrer Pracht zu bummeln. Als München königliche Residenz wurde, da wollte es den Stadtoberen nicht mehr gefallen, daß sich am Marienplatz ländliches Marktgebaren abspielte und so verordnete König Max Josef I. im Jahr 1807, daß der Markt verlegt wurde. Seitdem ist der Viktualienmarkt Münchens kulinarische Zentrale voll Duft und Farbe, Lärm und Genuß. Da gibt es Eier und Gänse, Spanfackel und Donauwaller, Palmkatzl und Zuckerzeltl, Früchte aus der ganzen Welt, Schwammerl und Schmalzkrapfen. Da gibt es Witz und lockende Angebote, herzerfrischende Begegnungen und volle Einkaufstaschen. Was hier zusammenströmt, fließt laut und bunt ab in alle Küchen, um sich dort (hoffentlich) in Gaumenfreuden zu verwandeln.

Man weiß, daß der Prinzregent gern allein, doch keineswegs unerkannt, dem Leben und Treiben dort zugesehen hat. Auch einkaufende Hoflakaien waren keine Seltenheit, wie ja die Residenz stets eng mit allem, was München hieß, verwurzelt war. In allerneuester Zeit ist der Viktualienmarkt an die Fußgängerzone der Innenstadt angeschlossen, was wieder den Zustand von vor beinahe 200 Jahren hergestellt hat. Der Münchner Bürger kann wieder unbehindert wie früher nostalgisch-kulinarisch schwelgen.

Kunstvolle Pasteten

sind heutzutage selbst aus der guten Küche fast ganz verschwunden. Einstmals, vor ein paar Jahrhunderten, spielten sie in der Tafelkultur eine Riesenrolle, denn sie waren häufig großartige Schaugebilde und dabei doch die bequemste Art, feine und umfangreiche Gerichte darzubieten, denn — und das ist ihr Ursprung — es gab früher ja auch keine Bestecke. Die Tischteilnehmer mußten mit den Händen essen und das geschah manierlicherweise am besten, indem bereits in der Küche alle Speisezutaten zerkleinert und dann in Pastetenform aufgetragen und dazu noch vorgeschnitten wurden. Das an sich unansehnliche Gemenge aus Fleisch und Speck, Gewürzen und Füllmassen wurde geschickt in eine pompös aufgebaute Hülle gesteckt und machte dadurch zunächst einmal dem Auge Freude. Man kultivierte die ursprünglich aus praktischen Gründen entstandene Pastetenidee so stark, daß sie immer mehr zur Schau wurde. In den oft riesigen Teiggebäuden wurden neben vielerlei weichgegarten Braten und Ragouts auch noch lebende Vögel und an Fürstenhöfen des ausgehenden Mittelalters sogar Zwerge versteckt, die beim Anschneiden der Pastete herauskamen und die Gäste amüsierten, wie wir das von der Hochzeit des Herzog Wilhelm von Bayern mit Renate von Lothringen 1568 her wissen.

Aus diesen spektakulären, wahrscheinlich gar nicht so sehr appetitanregenden Spielereien wurden allmählich immer feinere Gemische in einfacheren Hüllen, bis hin zur kostbaren Gänseleberpastete in Madeiragelee, die auch heute noch höchst attraktiv ist.

Aber Pastete ist nicht Pastete. Da gibt es großartig aufgebaute und interessant gefüllte Gehäuse aus Mürb- oder Blätterteig, Sturzpasteten, gebackene, gekochte, warme und kalte, große und kleine. Immer aber müssen sie ihrer Aufgabe entsprechend gehaltvoll und gut aufgemacht sein.

Eine Faschpastete mit Lachs und Tauben

Das ist natürlich ein Traum-Rezept, bei dem wir uns wahrscheinlich mehr an der Lektüre als an der Wirklichkeit delektieren können. Aber immerhin ist es eine reizvolle Anweisung.

Man salze einen in Stücke geschnittenen Lachs, dünste die Stücke in Butter, gebe etwas Muskatblüthe, Roßmarin, Kuttelkraut und Lorbeerblätter dazu, lasse alles wohl ausdünsten. Jetzt nehme man junge Nesttauben, die noch keine Federn haben, putze sie rein und überdünste sie ebenfalls, richte sie auf eine Schüssel, zwischen ihnen aber lege man allzeit ein Stück Lachs, und giesse ein wenig Brühe darüber. Nun mache man einen Fleischfasch, schneide ein gutes Pfund kälbernes Fleisch wie auch ein halbes Pfund rinternes gewürfelt, lasse alles überdünsten, und wiege es alsdann klein zusammen, gebe ein Stück eingeweichte Semmel dazu, wie auch ein Eingerührtes von zwey Eyern, stosse alles in einem Mörser zu einem Fasch, gebe ein ganzes Ey, und zwey Eyerdotter darunter; ist es recht klein gestossen, so gebe es in eine Schüssel, treibe es gut ab, salze und würze es. Nun mache man um die

Tauben und den Lachs einen drey Fingerhohen Kranz von dem Fasch herum, streiche ihn in die Höhe, so das oben eine genugsame Oeffnung bleibet, setze es in den Ofen oder in die Tortenpfanne, und backe es, nehme wohlgewaschene Kartoffeln, schäle sie, siede die Schälen in der Suppe, die Kartoffeln selbst aber schneide zu Blatteln in eine Reine, gebe ein in Mehl durchgewürzten Butter dazu, richte ihn Stückelweis auf die Kartoffeln, seihe die Suppe von den Schälen darauf, lasse dieses nur einen kleinen Sud aufthun, löse Austern aus, behalte den Saft davon zurück, lege die Austern in zerlassenem Butter, staube ein wenig Mehl daran, lasse sie ein wenig anlaufen, schütte die Soß von den Austern mit dem Saft von einer Zitrone daran, gebe sie unter die Kartoffeln, etwas Muskatblüthe dazu, richte dieses alles in die Faschpastete über den Lachs und die Tauben an.

Will man jedoch keinen Fasch von Fleisch machen, so nehme man Hechten und lasse die Tauben weg.

Aus Anna Klara Messenbeck „Baier'sches Kochbuch" 1850

Blätterteig-Pastete

Eine Tiefkühlpackung Blätterteig wird nach dem Auftauen so zusammengefalzt und dann ausgewalgt, daß 2 Platten für eine kleine Springform daraus werden. Die erste wird so, wie sie ist, auf einem ungefetteten Blech gebacken. Die zweite wird zu einem gut 2 cm breiten Ring ausgeschnitten; das Innere gibt den Deckel. Er wird mit Teigresten hübsch garniert. Auch diese beiden Teile, mit Eidotter bestrichen, werden blond ausgebacken. Dann legt man den hoch aufgegangenen Ring auf den Boden, füllt ein fertiges, feines Ragout von Geflügel oder Wildgeflügel, ein Krebsfrikassee oder ein Taubensalmi, eine feine Schinkenfülle oder dergleichen hoch ein und setzt den Deckel locker obenauf. Man garniert die Pastete mit einem Petersiliekranz.

Makkaroni-Pastete

Die Seite 150 beschriebene Pastete kann genau so mit anderen Fleischgemengen gefüllt werden. Man würzt sie dann entsprechend und kann den Inhalt auch durch das Einlegen von kleingeschnittenen Resten der gekochten Makkaroni, mit Streifen von Schinken oder Räucherzunge und dergleichen strecken.

Rehpastete mit Schinkeneinlage

1/2 kg rohes und sorgfältig entsehntes Rehfleisch dreht man mit einem Büschel Petersilie und 1 in Scheiben geschnittenen, in Butter geschmorten Zwiebel durch die Maschine. Man rührt dann 125 g Butter mit 2—3 Eiern und 2—3 milchgeweichten und ausgedrückten Semmeln und gibt das Fleisch, etwas geriebene Zitronenschale, zwei feinzerdrückte Wacholderbeeren, Salz, Pfeffer, eine Prise geriebenen Rosmarin und 50 g gebrühte und geschälte Pistazien dazu. Die gut verknetete und auch kräftig gewürzte Masse stellt man kühl und verarbeitet inzwischen 200 g Mehl mit 80 g Schweinefett, 1 gestrichenen Kaffeelöffel Backpulver, Salz und 1 Eiweiß zu einem glatten, ziemlich festen Teig und wellt ihn rechteckig aus. Er wird in eine gefettete Kastenkuchenform gelegt und mit der Fleischmasse gefüllt. Man legt dabei je 100 g in dicke Streifen geschnittene, gekochte Räucherzunge oder Schinken sowie etliche Speckstreifen ein und drückt den Inhalt fest. Dann legt man einen Teigdeckel darauf, verziert ihn mit kleinen Teigplätzchen und sticht 2—3 kleine Löcher hinein, damit der Saft hochsteigen und nach dem Erkalten wieder in die Pastete zurückfließen kann. Man bestreicht die Oberfläche mit Eidotter und bäckt die Pastete bei guter Hitze etwa 45 Minuten goldbraun. Nach dem Erkalten schneidet man gefällige Stücke davon und richtet sie mit Petersilie, Zitrone, Tomaten oder dergleichen gefällig auf einer großen Platte an. Dazu reicht man eine Cumberlandsoße.

Käse-Schinken-Pastete

80—100 g Butter und 3 Eier werden verrührt. Dazu gibt man 100 g Mehl, 1 Kaffeelöffel Backpulver, je 150 g kleingewürfelten Schinken und Käse, etwas Salz, 1 Eßlöffel Senf, gehackte Petersilie und Schnittlauch. Die Masse wird in eine gut gefettete Kastenform gefüllt und 30—35 Minuten gebacken. Man stürzt die Pastete und schneidet sie auf; sie kann warm und kalt serviert werden.

Gansleberpastete, hausgemacht

Das ist eine sowohl an Zutaten wie Arbeitsaufwand vereinfachte Pastete nach Straßburger Art, die aber auch sehr fein schmeckt.
Man kocht zuerst 250 g fettes Schweinebauchfleisch gar, treibt es mit 2 großen Ganslebern sowie 1/2 in Butter geschmorten Zwiebel und etlichen Champignons zweimal durch die feine Scheibe des Fleischwolfes. Daran gibt man 2—3 Eßlöffel flüssige Butter, 25—30 g grobgehackte Trüffeln, Salz, Pfeffer und et-

was Pastetengewürz. Die Masse wird in ein glattwandiges Einkochglas gefüllt, verschlossen und $3/4$ Stunden im Wasserbad gekocht. Man stürzt sie, schneidet sie in Scheiben, halbiert diese und übergießt sie mit einer Sülze aus $1/4$ Liter Madeira und 3 Blatt aufgelöster Gelatine.

Wer hat, kann eine dritte Gansleber in grobe Würfel schneiden, salzen, pfeffern, in Butter kurz braten und unter die glatte Lebermasse geben.

Kleine Pilzpastetchen

Zuerst bereitet man einen Hefeteig, der knetbar ist, walgt ihn aus und radelt viereckige, etwa handtellergroße Stücke aus. In der Zwischenzeit hat man Steinpilze oder Champignons oder auch Pfifferlinge wie üblich zu einem recht gut abgeschmeckten, zarten Gemüse (ohne Mehlbindung) verkocht, das mit Petersilie, saurem Rahm und einer Spur Essig abgeschmeckt wurde. Man zieht den Topf vom Feuer, nimmt die Pilze aus der Soße und füllt damit die Hefeteigtaschen. Sie werden gut geschlossen, so daß keine Fülle austreten kann. Man bestreicht sie mit Ei und bäckt sie im Rohr goldgelb. Man kann sie in eine Suppe geben oder mit Salaten auftragen. Sie schmecken auch kalt gut.

Kalte Fischpastete

Das ist eine königliche Pastete, die gerne bei Festbanketts als Zwischenspeise aufgetragen wurde. Sie paßt vorzüglich für ein kaltes Büffet, eine sommerliche Abendeinladung oder ein festliches Fischermahl.

1 kg entgrätetes Fleisch von Edelfischen (Forelle, Lachs) wird in Portionsstücke geteilt und mit gewässerten Sardellenfilets gespickt. Man dämpft dann eine gehackte Zwiebel, reichlich Petersilie und 100 g Champignons, alles sehr fein gehackt, in reichlich Butter an und gibt den Fisch dazu. Er soll nur kurz in dieser Farce garen. Hierauf vermengt man ein weiteres halbes Kilo ausgelöstes und durchgedrehtes Fischfleisch mit 250 g zerlassener Butter, 50 g Sardellenbutter, 125 g Krebsbutter, 200 g Semmelbröseln, 1 Ei, 2 Eidottern, Salz, Pfeffer und etwas Pastetengewürz. Diese gut abgeschmeckte Masse wird mit dem Fischfleisch samt seiner Farce und nach Belieben mit einigen Trüffelscheiben oder Streifen von frischem Räucherlachs abwechselnd in eine mit ungesüßtem Mürbteig ausgeschlagene Pastetenform gefüllt. Man deckt sie glatt ab, gibt etwas Butter darauf und bäckt sie zugedeckt im Rohr $3/4$—1 Stunde. Sie wird dann gestürzt, gut gekühlt und reich mit Mayonnaise, Hummer- oder Krebsfleisch oder mit Kaviar und Ei sowie mit Zitrone und Petersilie garniert.

Küchenbayrisch

Wenn auch im vorigen Jahrhundert, ja bis in das unserige hinein die französische Sprache im Küchenbereich oder jedenfalls bei der Benennung einzelner Gerichte vorherrschte, so ist doch auch noch der wesentlich ältere italienische Einfluß deutlich zu spüren. Bis zum Ende des ersten Weltkrieges war dies sogar noch ausgesprochen der Fall. Im südlichen Bayern sagte man sehr oft Fisolen statt Grüne Bohnen, Karfiol statt Blumenkohl, Skorzoner zu Schwarzwurzeln, Maroni zu Kastanien oder Panadlsuppe zu Brotsuppe (panata = Brotsuppe). Man könnte diese Litanei noch weiter fortsetzen, die Speisen italienisch zu betiteln, viel netter ist aber die küchentechnische Sprachvermischung. So kocht man nach Gusto (Geschmack), prüft, ob das Fleisch nicht muffelt (von muflare = schlecht riechen), trinkt ein Stamperl (stampare = austreiben) oder stampert jemand aus der Küche; man bindet die Gans mit Spagat (spaghetto = Bindfaden) und hat damit gleich den Schlüssel zu den Spaghetti. Karbonadl oder Carminadl sind auf dem Rost gebratene Fleischpfanzl; Carbo heißt Kohle. Sie werden pariert (parere = gehorchen), damit sie in Form sind.

Dazwischen wurden altbayrische und altdeutsche Wortfetzen eingebaut, besonders, was Geschirr, Maße und Gewichte anbelangt. Da finden wir ein Kastroll (Casserole), einen Degel (Tiegel), ein Gazl (altes Ölmaß), von dem der „Ölgötz" abstammt, einen Vierling ($^1/_4$ Liter-Maß, meist eine Tonschüssel), ein Schartl, ein kleines Gefäß, den Schapfer, mit dem man das Wasser aus dem Grandl geschöpft hat, das Wandel, eine kleine Wanne als Backform und den Scherrer, mit dem man den Schmarrn umscherrt (von scharren).

Auch Zeitmaße waren dem Volksbrauch untertan. So brauchte ein Ei ein Ave Maria und ein Fisch ein Vaterunser lang, um die rechte Gare zu bekommen. Man hat nach Fingerdicke gemessen, machte Teigstücke fingerlang oder legte sie überzwerch. Man pregelte und bruzzelte, welgerte und stupte (stäubt), rührte „pflaumig" und druckte Teige in Model, verwendete noch Agrest, den sauren Saft unreifer Trauben, und liebte Limonien- und Pomeranzenschellen (Schalen). Dabei wurden Biskuits zu Bischkotten, Bries zu Prüßln, Marzipan zu Martzelbahn, Ollapodrida zu alle Botriden, ein Chaudeau zu einem Schotto. Es gab das berühmte Münchner Biflamott, den Indian oder Piphahn, den Schwarzreiter, das weiße und braune Golli, ein Zwischending von dicker Suppe und dünnem „Ragu". Man klaubte Cibeben aus, gab Morgeln in eine Soße, kochte eine Schüh (Jus) und Raffiolen (Ravioli), bröckelte einen Teig ab und formte Baurenknöpflein. Die Kartoffeln nannte man oft auch Erdbirn; im übrigen waren sie noch ziemlich selten. Was man sich an derartiger Orthographie leistete, wirkt rührend.

Zeitgeschichte im Kochbuch

Wie sehr sich „Zeitgeschichte im Kochbuch" spiegelt, wird bei genauer Lektüre alter, oft handgeschriebener Küchenfibeln offenbar. Die Küche war ja die Werkstatt der Hausfrau und das Kochen mit allem, was an Vorbereitungen dazu gehörte, war Mittelpunkt ihrer Tätigkeit. Dabei ist natürlich auch das Umweltgeschehen in sie eingegangen.

So wurden nicht nur klerikale oder karnevalistische Rezepte geboren, sondern es ging sogar bis in die Politik. Da gab es beispielsweise einen flambierten Auflauf, der „Brand von Moskau" genannt wurde. Ein Punsch bekam seinen Namen nach der berühmten Affäre Dreyfuß; ein Drink heißt Napoleon oder ein Gebäck „Freymaurer". Ein „Falscher Hase" war ein „Welscher Has" und die Panama-Torte erinnerte an den Kanalbau, das Filet Wellington an den Sieger von 1815, ein Pudding an Metternich und einer an Humboldt. Der „Mannheimer Kuchen" kam sicherlich mit Kurfürst Karl Theodor auch nach Südbayern, die „Bayrische Rahmsulz nach Zarenart" mit den russischen Leuchtenbergs und spanische Bäckereien vielleicht mit der Gattin des Prinzen Ludwig Ferdinand.

Menükarte von Irlbach

Auch dieses Menü ist, obwohl zeitbedingt französisch geschrieben, durchaus bayrisch. Schon die sprachliche Mischung ist typisch: „calrabie" und zuletzt „Schmankerl mousse" (allerdings hier Schmangerl geschrieben), also eine Creme, die im Rottenhöfer als „Creme aux Schmankerl" beschrieben ist.

Und noch etwas ist bayrisch daran: das gekochte Rindfleisch mit Kohlrabi an zweiter Stelle der Speisenfolge (boeff garnit de Calrabie). Das Menü stammt aus Schloß Irlbach des Graf von Bray-Steinburg, 1870 bayrischer Ministerpräsident. Es wurde (nach Archivposition) am 11. May zwischen 1830 und 1835 eingenommen.

Dinné du 11 Mai x

potage aux riz.

boeff. garnit de Colrabie

2 Entrée

une de poisson a la halandaise

petite poulett a la rovigot

du veau Rati

2 Entremet,

Epinard— aux Croutan.

Sehmanyuel Moussr

Zuspeisen/Beilagen

Bei der Durchsicht von Menükarten aus dem vorigen Jahrhundert möchte man beinahe glauben, die Kartoffeln seien noch gar nicht entdeckt oder zumindest ein teures, exotisches Gewächs gewesen. Jedenfalls treten sie auf der vornehmen Tafel nur höchst selten in Erscheinung und wenn, dann in veredelter Form. Dafür hat man viele andere und auch gute Ideen gehabt, passende Soßenschlucker zu den schönen Schweins-, Hirsch- und Gansbraten zu bekommen.

Mit Kartoffeln

hat die bayrische Küche im verflossenen Jahrhundert nie viel anfangen können. Es gab Familien, in denen für das ganze Jahr nur 1 Zentner Kartoffeln im Keller lag und man meinte, daß sie da auch am besten hinpaßten. Die meisten Leute liebten es, die Kartoffeln nur in veredelter Form, nämlich als Schweinefleisch zu essen. Jedenfalls sind sie längst nicht jeden Tag auf den Tisch gekommen. In dem seinerzeit recht maßgeblichem „Neuesten Augsburgischem Kochbuch" von 1840 sind bei über 1000 Rezepten nur 3 für Kartoffeln und 5 für Erdäpfel zu finden. Darunter eine simple Kochvorschrift und 2 Suppen. Die verbleibenden 5 Rezepte aber sind um so bemerkenswerter. Auch im „Altadeligen Bayer'schen Kochbuch" von 1837 sind allein 18 Knödel angeführt, was neben den vielen anderen Rezepten für Nockerln und Wandeln, Teigwaren und Spätzel typisch für die anspruchsvolle Küche Bayerns war und die Nebensächlichkeit der Kartoffeln beweist. Den alten

Wie festlich und doch bayrisch-gemütlich diese gutbürgerliche Gesellschaft
im Jahr 1858 Silvester gefeiert hat, könnte gar nicht besser dargestellt werden.
Das Bild von Moritz Müller erzählt eine Menge kleiner Geschichten.
Lesen Sie darin!

Wer auf Schatzsuche gehen will, braucht sich nur in der Münchner Residenz das vergoldete Tafel-silber anzusehen, das König Max I. Joseph zu Anfang des 19. Jahrh. anfertigen ließ.

Kunstwerk, Eßkultur, Augenweide und Kostbarkeit gleichermaßen sind in diesem Teller verschmolzen, der zu einer Serie mit Kopien berühmter Gemälde gehört. „Die Köchin mit Hase" ist ein bekanntes Werk von Gabriel Mezu.

Was für uns heute ein wunderliches Kuriosum ist, war dem unglücklichen Ludwig II. die Erfüllung eines Märchentraums, ein Tischlein-Deck-Dich. Es steht völlig intakt in Schloß Linderhof.

Kochbüchern nach hat man nie oder nur selten einfache Kartoffeln „in der Montur" (im norddeutschen Sprachgebrauch Pellkartoffeln) oder Salzkartoffeln gegessen, sondern sich feinere Speisen daraus erdacht. Aber es hat doch eine ganze Anzahl alter Kochbücher herhalten müssen, um zusammen mit den Erinnerungen an mein Elternhaus die hier nachfolgenden Kartoffelrezepte bringen zu können.

Altbayrische G'röste

In reichlich zerlassene Butter gibt man Salz, Pfeffer, Ingwer und Muskat oder Kümmel sowie gehackte Zwiebel und läßt darin gekochte, aufgeschnittene Kartoffeln schön gelb werden. Man kann sie nach Belieben noch mit scharfem Senf abschmecken. Sie sollen schöne, braune Ramerl haben und glänzen.

In Butter gebratene Kartoffeln

Rohe Kartoffeln werden geschält und gut durchgewässert. Dann schneidet man sie in Würfel oder noch besser in Scheiben. Inzwischen werden 125 g Butter mit $\frac{1}{2}$ feingeschnittenen Zwiebel, etwas Salz und Pfeffer erhitzt. Man gibt die Kartoffeln hinzu, deckt den Topf zu und läßt sie langsam bei sehr milder Hitze gar werden. Den Topf darf man dabei nicht aufdecken, sondern nur mehrmals schütteln. Die Kartoffeln brauchen etwa $\frac{3}{4}$ Stunden, um gar zu werden. Sie benötigen dazu keinerlei Flüssigkeit, also weder Wasser noch Fleischbrühe. Die Hitze darf nicht zu stark sein, damit sie nicht anbrennen.

Wein-Kartoffeln

Rohe Kartoffeln ($\frac{1}{2}$—$\frac{3}{4}$ Kilo) werden geschält, geschnitzt und in 125 g Butter mit $\frac{1}{2}$ gehackten Zwiebel und Salz zugedeckt nahezu durchgegart, wobei man den Topf, ohne ihn zu öffnen, mehrmals durchrüttelt. Dann gibt man 1 Glas Weißwein, $\frac{1}{2}$ Tasse Fleischbrühe und Petersilie dazu. Die Kartoffeln werden zugedeckt noch eine Weile, jetzt ohne Hitze, durchgegart und dann sehr heiß, ohne daß sie Farbe angenommen haben, serviert. Salz und Pfeffer nach Belieben.

Sellerie-Kartoffeln

Halbrohe Kartoffel- und halbrohe Sellerie-Scheiben werden in reichlich Butter angedämpft. Man gießt Fleischbrühe zu, würzt mit Petersilie, Selleriegrün, Salz und Pfeffer und gart sie fertig. Die Kartoffeln sollen ganz weiß bleiben.

Erdäpfel in Öl

125 g Butter, $^1/_8$ Liter Olivenöl und die feingeriebene Schale von $^1/_2$ Zitrone, Salz, Pfeffer und Muskat läßt man heiß werden und gibt gekochte, geschälte und geschnitzte Kartoffeln hinein. Wenn sie heiß sind, fügt man reichlich Zitronensaft hinzu und serviert sie rasch. Wenn die Fettzugabe zu groß erscheint, ersetzt man sie durch Rahm. Auch Topfen macht sie schön saftig.

Berchtesgadener Kartoffeln

Scheiben von rohen Kartoffeln werden mit Salz in süßem Rahm oder in halb Rahm und halb Milch weichgekocht. Man schwitzt dann ein gutes Stück Butter mit 2 Eßlöffeln Mehl hell an, gibt den abgegossenen Rahm der Kartoffeln hinzu, reibt etwas Zwiebel daran, nach Belieben auch einen Hauch Knoblauch, und läßt die Soße dicklich kochen. In sie gibt man die Kartoffeln.

Parmesan-Kartoffeln

Eine feingehackte Zwiebel wird in 125 g Butter gelblich angeröstet. Dann verrührt man sie mit 2—3 Eßlöffeln Mehl und gießt mit Rahm oder Milch auf. Dazu gibt man 200 g gehackten, mageren Schinken, 125 g geriebenen Parmesan-Käse, 4—5 gewässerte, gehackte Sardellenfilets, 3—4 gekochte und gehackte Eier sowie etwas Pfeffer. Diese dickliche Farce wird abwechselnd mit gekochten Kartoffelscheiben in eine feuerfeste, gut gebutterte Form gefüllt, mit Bröseln und Butterflöckchen bestreut und goldgelb überbacken.

Meerrettich-Kartoffelbrei

Der Kartoffelbrei wird wie üblich zubereitet; am Schluß gibt man 2—3 Eßlöffel frischgeriebenen Meerrettich darunter und schmeckt mit Salz und ein wenig Fleischextrakt herzhaft nach. Man kann natürlich auch Packerlpüree verwenden.

Käse-Kartoffelnudeln

Kalte, geriebene Kartoffeln werden mit Salz, Pfeffer, Thymian, reichlich geriebenem Emmentaler-Käse und 1—2 Kaffeelöffeln Mehl verknetet. Man formt Fingernudeln oder kleine Taler daraus und bäckt sie am besten in Schweineschmalz beiderseits schön gleichmäßig goldgelb aus der Pfanne.

Kartoffelnocken

— wie König Max II. Josef sie liebte —

10—12 frisch in Salzwasser gekochte Kartoffeln werden heiß zerdrückt und mit reichlich Butter rasch auf der Pfanne durchgeröstet. Man fügt Salz, Pfeffer, Muskat und 2 Eier hinzu, formt mit einem Eßlöffel große Nocken und bäckt diese auf drei Seiten in Butter sehr vorsichtig goldgelb.

Hausherren-Kartoffeln

Kleine, geschälte Kartoffeln, am besten sogenannte „Mäuserl", werden in Salzwasser gekocht und warmgehalten. Inzwischen schneidet man 2 Zwiebeln und 125 g Schinken würfelig und röstet sie mit 2 Eßlöffeln Mehl in 100 g Butter rasch an. Man gibt Fleischbrühe, etwas Fleischextrakt oder Suppenwürze, 2 Eßlöffel Essig, Salz, Pfeffer, geriebene Zitronenschale und Kräutchen dazu und gießt dann diese Soße, natur oder durchgesiebt, an die Kartoffeln. Sie werden zuletzt noch mit ein wenig Senf und einer Spur Zucker rasch durchgehitzt.

Kartoffelgemüse mit saurem Rahm

Eine Portion gekochte Kartoffeln wird geschält und in Scheiben geschnitten. Man läßt sie mit 2 feingehackten oder dünn aufgescheibelten Zwiebeln und 100 g Fett kurz durchschmoren, bis die Zwiebeln gelb sind; dann gibt man 1/4 Liter dicken, sauren Rahm dazu und richtet, wenn der Rahm nur kurz durchgehitzt ist, das Gemüse sofort an. Es darf nicht mehr kochen, sonst brennt es an. Man kann nach Belieben etwas Fleischbrühe dazu gießen.

Knödel

werden heutzutage kurzweg als Synonym der bayrischen Küche angesehen; dabei sind sie weltweit und uralt. Man kennt sie seit eh und je so rund um den Erdball, wie sie selber sind, nur unter vielerlei anderen Namen. Der französische ist mit „Quenelles" deutlich verwandt und „Quenelles de Brochet" klingt ja auch wesentlich vornehmer als etwa die Hechtknödel, die man so gern am bayrischen Hof gegessen hat. Im Tschechischen hießen sie Knedlicky, in Italien ghenedeli.

Also, die Knödel waren nicht etwa die kluge Erfindung eines Koches, sondern sie sind eine koch- und eßtechnische Folge der einstmals gegebenen primitiven Verhältnisse gewesen. Man konnte in frühesten Zeiten, vor Jahrtausenden, ja nur über offenem Feuer, am Spieß, in der Glut oder auf dem Rost braten. Das Kochen kam erst dazu, als ein Material gefunden war, das der Hitze standhielt. Zuerst war es wohl gebrannter Ton, später Metall. Im Verlauf der Entwicklung wurde dann der Spieß immer mehr vollendet, aber der auf ihm gegarte Braten verlangte einen Vorschneider, denn Bestecke gab es in der Frühzeit ebensowenig wie Teller. Da blieb für das einfachere Volk, das keinen eigenen Vorschneider hatte, nur die Möglichkeit, die Speisen schon in der Küche so zu zerkleinern, daß sie dann in Brei- oder Ragoutform aufgetischt werden konnten. Eine weitere Möglichkeit bot das zerkleinerte und dann zusammengeballte Fleisch, das mit einem Bindemittel, wie Brot, irgendwelchen Ceralien und später mit Ei versehen wurde.

Das war die Geburtsstunde des Knödels, der sowohl auf dem Rost gebraten wie auch in Fett oder Wasser gekocht wurde. Das Fleisch wurde dabei im Laufe der Zeit immer weniger und das Brot mehr. Eine lebhafte Erinnerung an die ursprünglichen Fleischknödel sind noch unsere Leber-, Schinken- und Speckknödel, bis über den reinen Brotknödel hinaus der Kartoffelknödel entstand. Gerade dieser aber ist, gemessen an der sehr langsamen Entwicklung von Speisen, noch jungen Datums. Er tritt erst etwa um 1800 in den Kochbüchern auf, ist aber damals im Süden Bayerns noch sehr selten gewesen und dürfte als „exotische" Erscheinung gegolten haben. In der Oberpfalz aber, dem Kartoffelland, kannte man ihn schon früher, wie ja Kartoffelspeisen dort immer eine besondere Rolle gespielt haben.

Große Grießnocken

Die doppelte Menge der auf Seite 13 beschriebenen Grießnocken wird nach gutem Quellen zu etwas größeren Nokken ausgestochen. Man kocht sie in Salzwasser und tropft sie ab. Sie bilden eine sehr gute Beilage zu Gansbraten, zu Enten, Wild und Wildgeflügel wie auch zu einem fetten Braten.

Gebackener Reis

In Salzwasser kurz und körnig gekochter Reis wird abgetropft und nach dem Erkalten mit 4—5 Eiern, etwas saurem Rahm, Suppenwürze und reichlich Parmesan-Käse vermischt. Man füllt ihn in eine gut gefettete Form, bäckt ihn im Rohr hell aus und stürzt ihn dann. Man kann auch Laiberl daraus formen.

Reiskroketten

Kalter Reis wird mit 1 Eßlöffel Mehl, noch besser mit 2—3 Eßlöffeln dicker, weißer Soße, 2—3 Eiern, 3—4 Eßlöffeln Parmesan-Käse, Salz und Muskat vermengt. Man formt Kroketten daraus und bäckt sie doppelseitig in der Pfanne goldgelb. Ebenso kann man zwei dünne Kroketten beliebig füllen.

Mehlschmarrn

ist eine ausgezeichnete Beilage zu soßigen Speisen, wie Ragouts und dergleichen. Er paßt auch ausgezeichnet zu Wild und Braten. Es werden etwa 300 g Mehl mit 3—4 Eiern, etwas Milch und Salz zu einem dickfließenden Teig verschlagen. Man läßt ihn in eine Pfanne mit genügend heißem Fett einlaufen und anbacken. Dann sticht man um, bis er durchgegart ist und schöne, braune Ramerl hat. Er darf nicht zu trocken werden.

Grießschmarrn

wird gerne als Soßenschlucker verwendet. Man kocht zuerst einen dicklichen Grießbrei in gewässerte Milch ein und fügt Salz, Muskat sowie 3—4 Eier hinzu. Die Masse wird in der Pfanne mit genügend heißem Fett gebacken und dabei dauernd umgestochen. Auch mit Kren oder Käs vermischt schmeckt er gut.

Polenta

bildet besonders zu Wild, zu fettem Schweinsbraten wie auch zu Wildgeflügel eine ausgezeichnete Beilage. Man kocht den schon vorbereiteten, in Packungen käuflichen Polentagrieß nach Vorschrift ein, gießt ihn in ein glattes Gefäß und stürzt ihn heiß oder kalt. Die heiße Polenta wird in Scheiben geschnitten und mit brauner Butter übergossen. Die kalten Polentascheiben brät man in Schweinefett beiderseits goldbraun.

Goldschnitten

An Stelle von Kartoffeln passen oftmals diese goldenen, reschen Schnitten oder Würfel. Es handelt sich um Weißbrot, das vorsichtig angefeuchtet wird, damit es nicht zerfällt. Man schneidet es entsprechend zurecht, wendet dann die Schnitten in 2—3 zerklopften Eiern und bäckt sie auf der Pfanne ringsum golden.

Abgetriebene Semmelpfanzel

An Stelle von Kartoffeln eine feine Bratenbeilage!

80—100 g Butter rührt man schaumig und gibt 1 Ei und 2 Eidotter, etwas Salz, 2—3 Eßlöffel Milch und 4—5 würfelig geschnittene Semmeln dazu. Man läßt die Masse quellen und gibt nun etwas Schmalz in eine Reine und, wenn es heiß ist, füllt man den Teig hinein. Er wird im Rohr lichtgelb herausgebakken und dann in Stücke geschnitten. Man kann Parmesan darüber streuen.

Blätterteig-Stangen

Tiefgekühlter Blätterteig wird aufgetaut und in fingerbreite und fingerlange Stücke geschnitten. Man bestreicht sie mit Ei und bäckt sie auf einem naßgemachten Blech rasch goldbraun. Sie werden noch heiß auf einer Platte serviert. Sie gelten ebenso als feine Soßenschlucker wie als Knabberzeug.

Pfannkuchen

— eigentlich Pfannenkuchen —

Kleine, dünn ausgebackene Pfannkuchen werden aufgerollt, in 2—3 Stücke geschnitten und als Beilage auf die Platte gelegt. Man kann sie durch Zugabe von etwas Parmesan-Käse geschmacklich vorteilhaft verändern.

Soßen

So wichtig Soßen zur Erhöhung des Geschmackes einer Speise sind, so wenig sind sie, mit wenigen Ausnahmen, ausgesprochen bayrisch. Das vorliegende Buch soll aber doch gerade bayrische Feinspezialitäten bringen. Deshalb stehen nur wenige Rezepte zur Wahl; sie sind dafür aber auch etwas Besonderes.

Marsala-Soße nach Prinzregenten-Art

4—6 Schalotten oder mittelgroße Zwiebeln werden gehackt und in Butter gelb geröstet. Man gießt mit etwas Fleischbrühe und 1 Glas Marsala auf und fügt 50 g feingehackte, frische Champignons oder Steinpilze, reichlich Kräutchen (Petersilie, Schnittlauch, Sellerie, etwas Dill) hinzu und bindet den Sud mit 2—3 Eßlöffeln brauner Schwitze oder einem Rest Bratensoße. Die gut ausgekochte Soße wird nochmals mit Marsala und Fleischextrakt, Salz und ein wenig Pfeffer nachgeschmeckt. Sie paßt besonders gut zu dunklem Fleisch, zu Schinken und Pasteten. Man kann sie warm und kalt verwenden.

Altdeutsche Quitten-Soße

2—3 Apfelquitten werden ungeschält zerkleinert, gut weichgekocht und durchpassiert. Sie sollen rosafarben sein. Man gibt etwas Zucker und weißen Pfeffer, eine Handvoll geriebene Walnüsse und 1—2 Gläschen Cognac daran. Die Soße paßt zu Wild, zu Wildgeflügel und zu kalten Platten.

Kaviar-Schlagrahm

An ⅛ Liter sehr steifen Rahm gibt man 1 Döschen Kaviar oder auch rosafarbenen Keta-Kaviar und 1 Likörglas Cognac. Salz ist nicht mehr nötig, aber eine Drehung aus der Pfeffermühle oder fein gehackter grüner Pfeffer passen gut dazu. Ausgezeichnet zu warmen und kalten Fischgerichten!

Wacholderbeer-Soße

Zuerst bereitet man eine kleine braune Schwitze, die mit dem Saft von ½ Orange, etwas geriebener Orangenschale, 1 Eßlöffel zerschlagenen Wacholderbeeren und 1—2 Glas Rotwein sehr gut durchgekocht wird. Man gießt die Soße leicht auf, kocht sie nochmals ein, gibt sie dann durch ein Sieb und verfeinert sie durch Zugabe von etwas Butter, kleingehacktem Schinkenfett, frischem Orangensaft, 1 Likörglas Wacholderschnaps (Gin), Salz, Pfeffer und ein wenig Fleischextrakt. Die Soße muß stark nach Wacholder schmecken und rasant gewürzt sein. Sie paßt besonders zu allen Wildarten.

Wacholder-Nuß-Soße

Früher spielte der Mörser in der Küche eine Hauptrolle. Alles, was heute püriert, gemahlen, gerieben oder gemixt wird, mußte mühsam im Messing- oder Steinmörser zerkleinert werden. Aber es lag Liebe und Kennerschaft darin und die Verbindung der einzelnen Zutaten war sehr innig. Das sollte uns stets vorschweben, wenn wir bequemerweise nur auf einen Knopf drücken müssen und dabei vielleicht die Sicht frei wird auf einen schönen, alten Mörser, der nur noch als Dekorationsstück aufgestellt wird.

In den Mörser (Mixer) gibt man 2—3 Eßlöffel Walnußkerne, 10—12 Wacholderbeeren, etwas Salz, Pfeffer und ½ Tasse dicken, sauren Rahm. Man zerkleinert alles recht fein und gießt dann 1 Likörglas Wacholderschnaps (Gin) daran. Die Soße paßt gut zu Wild, zu Schinken, Pasteten und kalten Platten.

Die bairische Kuchl und die bayerische Küche

Unsere so biegsame bayerische Sprache, besonders das volkstümliche Idiom, hat in geradezu klassischer Kürze Feinheiten herausgebildet, die für den Eingeweihten ganze Geschichten und zugleich Geschichte erzählen.

Bleiben wir kulinarisch: Die Kuchl war ursprünglich kein eigener Raum im Haus, insbesondere im Bauernhaus, sondern nur eine Ecke rund um die Feuerstelle. Meist war sie im Mittelpunkt des Hauses, damit sie Anschluß an den Kamin oder, noch bevor es ihn gab, einen gesicherten Rauchabzug hatte. Gleichgeschaltet mit der Kleinheit dieses Arbeitsgebietes war auch die Bezeichnung dafür, das Deminutivum „Kuchl".

Paul Friedel, der bekannte Heimatdichter und -Forscher aus dem Bayrischen Wald, hat darum auch sein Kochbuch, das die einfache Küche der Kleinbauern, Häusler, Holzhacker und Weber dankenswerterweise dem Vergessen entrissen hat, in feinem Gespür für Sprache und Überlieferung „Die niederbayrische Kuchl" genannt. Das ist nicht Folklore, sondern echtes Wissen und ehrliches Aufzeigen!

Diese „Kuchl" bringt mit vielerlei regionalen Namen versehene einfachste Kost, so, wie sie im kleinen Häusl, eben in der Kuchl, üblich war. Da ist viel Originelles, typisch Bayrisches darunter, viel, was heute in solcher Armseligkeit niemand mehr kocht. Es ist ein großes Verdienst von Paul Friedl, diese alten Rezepte gesammelt zu haben, genau so, wie etwa älteste Volkslieder, Trachten oder vergangenes Handwerkszeug zu retten.

Aber „Die niederbayrische Kuchl" ist nicht schlichtweg die Küche Niederbayerns oder gar ganz Bayerns, selbst wenn sie für ihr Gebiet weitgehend maßgeblich war. Die Kuchl unterscheidet sich von der Küche des großen Hauses, der Burg, des Schlosses, der Residenz sowohl räumlich, wie sprachlich und kulinarisch und darf nicht als typisch bayrisch schlechthin angesehen werden. Leider wird es aber gerade in unserer Zeit sehr gepflegt, bayrisch mit bäuerlich, derb, primitiv und möglichst bunt, was Sprache und Aufmachung betrifft, zu verwechseln.

Was Bauern- und Wirtshauskost, Armeleute-Essen und Brotzeit ist, das ist natürlich auch bayrisch, aber eben bayrische *Kost* und nicht bayrische *Küche!* Es soll an einem Beispiel erläutert sein, wie Begriffe manipulierbar sind: Eine spezielle Wiener Küche hat es eigentlich nie gegeben, denn Wien war stets der Sammelpunkt aller in der Donaumonarchie vereinten Völkerscharen. Die aus all diesen Einflüssen entstandene „Wiener Küche" gilt insgesamt und abschließend als fein, üppig, süß und genüßlich. Man denkt an Esterhazybraten, Sachertorte, Kipferln, Gulasch, an feine Mehlspeisen und Teller voll Beuschel, Wiener Schnitzel, Nockerl und Nudeln und im Hintergrund leuchtet Grinzing, tanzt der Kongreß.

Das ist die von allen Seiten her bereicherte Küche der gehobenen Gesellschaft, der Diplomatie, des Hofes, der reichen Bürger. Das stimmt natürlich auch, aber als Wiener Küche ist sie ein künstlich geschaffener und nicht gewachsener Begriff. Und genau so hat man Leberkäs und weißen Preßsack (die ehedem billigste Wurstsorte), Knöcherlsulz, Obatzten, Dradiwichspfeiferl usw. zum Synonym für bayrisch gemacht. Das ist falsch, das ist *Kuchl,* nicht *Küche!*

Dieses Buch hier bringt deshalb all das, was in den letzten Jahren als „Schmankerl" bezeichnet wird, nicht, sondern zeigt die alte, oft ganz einfache, aber die gute bayrische Küche des Hofes und der Gesellschaft auf, wie sie der Tradition entwachsen ist.

Der volle Gemüsekorb

Gemüse sind, wenngleich nicht in unserem Sinn, neben dem gebratenen Fleisch die älteste Speise. Es handelte sich in alten Zeiten um zu Mus verkochte Pflanzennahrung, die mit dem Brei aus Getreide die Alltagskost darstellte. Es war eben einfach „Ge-müse", schon aus kochtechnischer Notwendigkeit; man konnte ja nur über offenem Feuer braten und später, nach Erfindung des Topfes, kochen. Da kamen dann Kraut, Rüben, verschiedene Blätter und Gräser, Kräutchen und auch Wurzeln ins Wasser und wurden musig verkocht. Wie sich dieses vegetabile Urmus langsam zum heutigen Gemüse mit zarten Erbschen, Spargeln und Artischocken entwickelt hat, ist kulturhistorisch interessant; nur die Generalbenennung Gemüse erinnert noch leise an den Ursprung, das Pflanzenmus.

Wenn man einen echten Bayern nach seinem Lieblingsgemüse frägt, kann man womöglich hören „Schweinswürstl", denn mit dem „Grünzeug" hat er es nicht recht. Aber trotzdem ist die Art, Gemüse fein und liebevoll zuzubereiten, typisch für die gehobene bayrische Küche. Also nicht etwa mit einer dicken, weißen Schwitze oder gar einer gelben Einbrenne, in der dann irgendetwas Grünes oder Weißes schwimmt.

Auch König Ludwig II. hat sich jede Mehlbindung verbeten und nur frische Butter zum gekochten oder gedämpften Gemüse verlangt. Es gibt daher manche nette Rezepte aus der verflossenen Hofküche.

Zwiebeln in Eiersoße

Etwa 1 kg mittelgroße Zwiebeln werden geschält und in Salzwasser kurz durchgekocht. Man tropft sie gut ab und gibt etwas dicken, sauren Rahm daran, würzt kräftig mit Salz, Pfeffer, Muskat, Fleischextrakt, gehackter Petersilie oder Kresse sowie ein wenig Senf und legiert die Soße mit 2—3 Eiern und 2—3 Eßlöffeln Parmesan-Käse. Man setzt die Zwiebeln in eine feuerfeste Form und überbäckt sie im Rohr kurz goldbraun. Sie werden mit Petersilie überstreut.

Gelbe Rüben-Würstel

Gelbe Rüben, die ziemlich gleichgroß sein sollen, werden kurz in Salzwasser aufgekocht, abgetropft und dann sauber geputzt. Das geht leichter, als wenn man sie roh schabt. Dann kocht man sie völlig weich, tropft sie ab und brät sie in reichlich heißer Butter ringsum wie Würstchen goldbraun und streut zuletzt ein wenig Salz und Petersilie darüber. So mögen sie sogar Männer.

Glacierte Zwiebeln

8—10 gleichgroße Zwiebeln werden geschält, kurz in Salzwasser vorgekocht und mit etwas Butter, einer kleinen Prise Zucker und Salz zugesetzt. Man dämpft sie, bis sich eine kleine, braune Soße gebildet hat, gießt dann mit ein wenig Wasser auf, und legt den Deckel auf. Sie werden nun langsam gargeschmort; man gießt die Soße mit etwas Weißwein auf, gibt ein paar Tropfen Suppenwürze dazu und legt oben auf jede Zwiebel ein Stückchen Emmentaler-Käse, der mit Paprika überstreut und nochmals kurz überbacken wird.

Grüne Kohlrabi

Die Kohlrabi werden geschält und fein geschnitten. Man kocht sie in reichlich Salzwasser gar und gleichzeitig in einem anderen Töpfchen die grünen Herzblätter der Kohlrabi. Diese hackt man dann fein oder mixt sie und gießt damit eine sehr kleine, weiße und recht buttrige Schwitze auf, so daß sie schön grün wird. Man gibt die Kohlrabi mit etwas Kohlrabi-Kochbrühe daran und schmeckt das Gemüse mit Salz, etwas Pfeffer, einer Spur Zucker und reichlich Muskat pikant ab. Nach Belieben kann man noch Essig oder etwas Senf hinzugeben. Ebenso kann man kleine Kohlrabi kochen und mit Soße übergießen.

Spanischer Spinat

Dieses Gemüse ist sicherlich über die spanische Linie der Wittelsbacher nach München gekommen.

Dazu wird zarter, verlesener Spinat gekocht und abgetropft, gleichzeitig dämpft man etwas gehackte Zwiebel und feinzerdrückten Knoblauch in Olivenöl an, gibt den Spinat und etwas Zitronensaft dazu und schmort ihn kurz durch. Er wird mit Pfeffer überstreut angerichtet.

„Gebackener Würsching"

Siede die ganzen Häupl im Salzwasser weich, schneide es dann in Stücke, dreht es in Eiern um, und backt es schön gelb in Schmalz, läßt dan sauern Rahm warm werden, rührt etwas Mehl darein, und läßt es gut anlaufen.

Handschrift der Maria Schötz, Schloßköchin in Buchenau 1862

108

Wirsing mit Schinkensoße

Zwei kleine Wirsingköpfe werden halbiert und in Salzwasser rasch weichgekocht. Man tropft sie ab und drückt sie in 5—6 Partien in einen Schöpflöffel.

Von da aus stürzt man den Wirsing auf eine heiße Platte und gießt gehackten und kurz erhitzten, fetten Schinken darüber. Zuletzt streut man Pfeffer darauf.

„Spargelbrockeln"

Dazu kann man dünnen Suppenspargel verwenden. Er wird wie üblich sauber geputzt, fingerlang geschnitten, in Salzwasser weichgekocht und abgetropft. Dann schneidet man etwas mageren Schinken klein, gibt reichlich Schnittlauch und 6 Eier daran und verrührt mit Salz, etwas Muskat und 3—4 Eßlöffeln

süßem Rahm. Nun läßt man etwas Butter in einer Pfanne zergehen, schlägt die Eiermasse hinein, bereitet daraus ein Rührei. Kurz, bevor es fest wird, gibt man den Spargel darunter. Er wird gut durchgerührt, so daß Brockeln entstehen. Mit Schnittlauch überstreut, wird das Rührei rasch aufgetragen.

Gefüllte Champignons

10—15 möglichst gleichgroße Champignonköpfe, die noch geschlossen sind, werden von den Stielen und ihren rosa Lamellen befreit. Dann röstet man 1 Eßlöffel feingehackte Schalotten oder Zwiebeln, gibt die gehackten Champignonabfälle und reichlich gehackte Petersilie daran und läßt den Saft ein wenig eindampfen. Nun gibt man ein

wenig braune Butterschwitze, 1—2 Eidotter, Salz, ganz wenig Pfeffer und Zitronensaft hinzu und füllt diese Masse hoch in die Champignonköpfe ein. Sie werden mit Butterflöckchen und Semmelbröseln bestreut und im Rohr 15—20 Minuten rasch überbacken. Man richtet sie bergartig an. Das ist auch ein echtes Schmankerl.

Linsen

spielten einstmals eine viel größere Rolle als heute. Sie waren die kräftige Begleitung von Schweinefleisch, Wildvögeln, Würsten und Speck oder Schinken. Allerdings sagte schon Antonius Anthus, der bayrische Brillat-Savarin, daß auf jede Linse eine Bratwurst kommen müsse.

Dieser Satz verrät zweierlei: zunächst, daß wir zum Vergleich mit Anthus einen Franzosen heranziehen müssen, weil der Fremde bekannter war als der „Eingeborene". Zum anderen, daß er Nürnberger gewesen ist, wegen der erwähnten Bratwürste.

Nun soll aber vor den Linsen kurz Antonius Anthus stehen: er wurde als Julius Blumroeder 1802 geboren und war später Arzt in Amberg († 1853). Als Feinschmecker hat er über Essen, Ernährung und Eßkultur nachgedacht und seine Speisephilosophie 1852 in seinen „Vorlesungen über Eßkunst" niedergelegt. Und dies in einer so reizvollen, geistreichen und auch heute noch geradezu modern anmutenden Form, daß man es nur bedauern kann, daß dieser gescheite bayrische Gastrosoph so unbekannt geblieben ist. Eben der berühmte Prophet in seinem Vaterland! Sein interessantes Werk ist übrigens jetzt wieder in einer Neuauflage erschienen und das ist tröstlich.

Bayrisches Linsengemüse

Vorgeweichte und dann salzlos weichgekochte Linsen gibt man an eine kleine, gelbe Einbrenne und schmeckt sie mit gehacktem Schinkenspeck, Salz, Pfeffer, Senf, etwas Thymian und Muskat ab. Das Gemüse muß halbdick sein; es paßt gut zu Würsten, zu Wildgeflügel und zu Gselchtem.

Dotschen

gehören als Rübenart zu den ältesten Gemüsen; anderwärts heißen sie Futter- oder Runkelrüben. Es handelt sich um die weiße, walzenförmige Riesenrübe, die ein ausgezeichnetes Gemüse ergibt — wenn, ja wenn man es richtig zubereitet! Leider haben Rüben aller Art durch die Kriegsernährung 1914—18 einen schlechten Ruf bekommen und man nannte die alte, jetzt abgerissene Markthalle in München deshalb auch boshafterweise „Dotschenpalast".

Aber die lange Zeit, die seitdem vergangen ist, und die heutigen Möglichkeiten machen den Versuch ihrer Verwendung lohnend und das Ergebnis bildet eine angenehme Überraschung. Leider bekommt man die Rüben nur selten und es ist daher zweckmäßig, sich im Herbst einmal bei einem Ausflug umzusehen, wo sie (eigentlich überall!) angebaut werden. Man kann sie preiswert erwerben und auch einige Zeit lagern; sie schmecken wie die feinsten, teuersten Teltower Rübchen.

Die Rüben werden in Stifte oder kleine Würfel geschnitten. Man schmort 2 Eßlöffel Zucker mit 2—3 Eßlöffeln Butter etwa honigbraun und gibt die Rüben, ein wenig fette Fleischbrühe, Salz und etwas Pfeffer dazu. In dieser braunen, kurzen Soße gart man die Rüben und gießt nötigenfalls noch etwas nach. Nach 20—25 Minuten sind sie zart weich. Nun gibt man noch Petersilie daran.

Reherl-Pickelsteiner

stammt bekannterweise aus dem Bayrischen Wald. Es wurde, obwohl es eigentlich ein Armeleut-Essen war, so berühmt, daß es nicht nur am bayrischen Hof, sondern sogar in aller Welt geschätzt wird.

So einfach, wie es zubereitet wird, so gut schmeckt es auch! 1 große Zwiebel wird fein aufgeschnitten und in Fett hell angeschmort. Man gibt kleine Kartoffelwürfel oder noch besser kleine, zarte Jungkartoffeln, einige aufgeschnittene Gelbe Rüben, 1 Tasse voll grüne Erbsen und 500—750 g sauber geputzte Reherl daran. Wenn es nobel hergehen soll, fügt man auch noch 1—1¹/₂ Pfund in grobe Würfel geschnittenes Kalbfleisch oder halb Kalb- und halb Rindfleisch hinzu. Dann gießt man mit wenig Wasser auf, fügt Salz und Pfeffer, reichlich gehackte Petersilie, etwas Suppenwürze und eine Spur Zucker hinzu. Nun läßt man das Pickelsteiner im Topf zugedeckt langsam weichschmoren. Zuletzt streut man noch Schnittlauch darüber. Man kann auch andere Schwammerln verwenden.

Sarvarer Krautwickel

Ein großer Kopf Weißkraut wird so abgelöst, daß möglichst große Blätter bleiben. Die breiten Rippen werden mit einem Gewicht oder dergleichen plattgeschlagen. Dann kocht man die Blätter in Salzwasser gut gar; sie dürfen dabei nicht zerfallen! In der Zwischenzeit hat man 1—1¹/₂ Pfund Schweinefleisch durchgedreht und mit reichlich Zwiebel und Knoblauchpulver oder zerdrücktem Knoblauch, 1—2 Eiern, Salz, Pfeffer, Paprika, etwas saurem Rahm und etlichen Semmelbröseln, geriebener Zitronenschale und Petersilie sowie ein wenig Thymian gut abgeknetet und zu länglichen Rollen geformt. Diese wickelt man in je 1—2 Krautblätter fest ein und setzt sie in eine gut gefettete Reine. Dann gießt man gut ¹/₄ Liter dicken, sauren Rahm, der mit 1 Eßlöffel ungarischen milden Paprika und Salz gewürzt wurde, darüber und läßt die Krautwickel darin 30—40 Minuten bei guter Hitze durchgaren. Sie werden zuletzt mit saurem Rahm übergossen und mit braunen Zwiebelringen überstreut.

„Bohnen mit Ram"

Zarte, vorbereitete Bohnen werden in Butter mit Salz und Bohnenkraut angedämpft. Man gießt ¹/₂ Tasse Rahm dazu und läßt sie garen. Dann nimmt man die Rahmsoße ab, verquirlt 2 Eidotter darin und gießt sie wieder an die Bohnen. Sie dürfen nicht mehr kochen und werden sofort mit Petersilie bestreut aufgetragen.

Aus Anna Klara Messenbeck „Baier'sches Kochbuch" 1850

111

Die Nostalgie beim bayrischen Essen

Es ist nicht von ungefähr, daß unsere liebeleere und richtungslose Gegenwart in der Nostalgie ein spezifisches Gegenspiel gewonnen hat. Es ist in etwa vergleichbar mit dem Verliebtsein: jeder Außenseiter lächelt darüber, aber schön war es für den Betroffenen doch!

Wie man altes Liedgut, urtümliches Handwerksgerät, schöne Bauernmöbel sammelt, so kommt man gerne wieder auf die Alltagsdinge vergangener Zeit zurück und schätzt ihren Gemütswert höher, als ihren Gebrauchs- oder Materialwert. Dabei kann es sich um Petroleumlampen wie um Wärmflaschen handeln; sie erwecken Erinnerung an eine zu Recht oder meist sogar zu Unrecht verklärte Vergangenheit, die ihren Reiz ausübt, weil die Umgebung, die zu diesem alten Kram gehörte, auch versunken ist.

Ebenso ist es in der Culinaria auf dem riesigen Gebiet unserer Ernährung. Es gibt unendlich viele Rezepte und Menüvorschläge, die wir aus Zeit-, Geld- und Ge-

Aus dieser Saucière zu schöpfen, muß schon ob ihrer prunkvollen Schönheit
ein Genuß gewesen sein. Sicherlich auch ihr Inhalt, den Rottenhöfer für sie kochte.
Eine wahre Frühlingskreation für Auge und Gaumen.

Die besonders vielen und schönen Suppenterrinen aus dem reichen Silberschatz
der Münchner Residenz geben ein beredtes Zeugnis von der Liebe zur guten
Rindssuppe bei Hof.

Schöne alte Bürgerküche mit reicher Ausstattung, noch offener Herdstelle, großen Wasserkübeln, Kupfer, Blasbalg, Schöpfern, Pfannen und oben auf dem Regal eine große Sauerteigglocke.

Viel schönes Porzellangeschirr stand den
schönheitsliebenden Wittelsbachern zur
Verfügung. Hier ist es eine Schale aus dem
Speiseservice mit Blütendekor auf Goldgrund
und eine mit dem Sonnengott bemalte Muschel
aus dem Tafelservice mit Szenen der römischen
Mythologie und Geschichte.

sundheitsgründen gar nicht nachmachen möchten, die aber so reizvoll sind, daß allein schon ihre Lektüre Spaß macht. Kochbücher vermitteln ja nicht nur trockenes Sachwissen, sondern sie sind zu einer eigenen Sparte der Literatur geworden, wenn sie nicht nur Abgeschriebenes von Abgeschriebenem darstellen.

So gehört eben auch altes Kochwissen, umgeben von der Aura seiner Zeit, zur Nostalgie und hat infolgedessen auch eine eigene Sammelfreude geweckt. Man kocht nicht nur, wenn es geht, nach alten Rezepten, sondern genießt auch beim Lesen ihren zeitlichen Charme, der sich aus Sprache, Arbeitsweise, Zutaten und nicht zuletzt aus ihrer oft kunstvollen Gestaltung zusammensetzt. Es lache darum keiner über diese in unseren Tagen neuentdeckte Liebe zum alten und ältesten Rezept; es ist genau so erinnerungsträchtig, wie jedes Museum, wie jeder Trachten-erhaltungsverein oder jedes Liederbuch.

In diesem Sinn sollen auch die im vorliegenden Buch zu findenden Rezepte der guten, alten bayrischen Küche, mit königlichem Duft behaftet, besondere Freude machen. In ihnen kommt die so vertraut-persönlich anmutende Mischung vom Bür-gertum und Herrscherthron, die so typisch bajuwarisch ist, zum Ausdruck. Gerade diese Verschmelzung von schlicht und gut, von echt und treubewahrt zeigt sich in ihnen deutlich; man ist nicht ausschließlich so oder so, sondern nach alter Manier „geschachzabelt", das heißt aus schachbrettartigen Feldern zusammengesetzt, wie unser vielgeliebtes weißblaues Rautenwappen.

Wie Herr von Vollmar der „königlich-bayrische Sozialdemokrat" war, wie Lud-wig III. der Millibauer genannt wurde, wie die Standlfrauen vom Viktualien-markt es mit jeder „Gnä Frau" verstehen, wie jeder im Biergarten der „Herr Nachbar" ist, so wurden bei Hof wie im Bürgerhaus das tägliche Siedfleisch, die Dampfnudeln, der Schlegelbraten gleichermaßen geschätzt.

Auffahrtsvögel

Die Culinaria ist wie kaum eine andere Lebensäußerung tief verwurzelt in alle menschlichen Beziehungen. Nicht zuletzt auch in die Religion. Abgesehen von den Fastengeboten kannten wir früher vielerlei Speisen, die einen festen Zeitplan hat-ten. Das Lampl zu Ostern beispielsweise, die Gans zu Martini oder der Karpfen zu Weihnachten sind sowohl als christliche Symbole wie als jahreszeitliche Gege-benheiten gleichermaßen bedeutsam und man hat sie aus Tradition ebenso ge-schätzt, wie als periodischen Genuß.

So ist es auch mit den seltsamen Auffahrtsvögeln, die bei Hof am Tag Christi Himmelfahrt auf die Tafel kamen. War es ein tief religiöser Mann oder ein Spaßvogel, der es sich ausdachte, daß man der himmlischen Aufwärtsbewegung des Herrn folgend nur „fliegendes Fleisch" essen soll? Das ist nicht festzustellen. Jedenfalls aber hat man lange Zeit, vielleicht sogar ohne Näheres darüber zu wissen, altem Herkommen gemäß nur Geflügel an diesem Tag gegessen. So ein Menü sah denn auch seltsam aus:

Königinsuppe
Geflügelkroketten
Gebratener Schwan
Rebhuhnsalami
Windbeutel

Weitläufiges Küchengewölbe im königlichen Schloß Berchtesgaden.

Klassische Entremet-Schale und Deckel-Schüssel mit Réchaud aus dem großen,
vergoldeten Tafelservice des König Max I. Joseph von Bayern.

Kühlgefäß aus dem großen, vergoldeten Tafelservice des
König Max I. Joseph von Bayern.

Alles, was da fleucht

Geflügel war einstmals ein Herrschaftsessen, denn es hat ja nie so richtig ausgegeben, wie etwa Schweinernes. Das zarte Fleischerl war aber gerade recht, ein großes Menü zu ergänzen. Vom kleinen Schmankerl bis zum schweren Vogel finden wir es immer wieder auf der Tafel; daneben aber gab es Fest- und Feiertage, an denen es obligatorisch gewesen ist, wie zum Beispiel am Weißen Sonntag als Hühnerfrikassee; im Frühling gab es junge Tauben, zu Christi Himmelfahrt die sogenannten Auffahrts-Vögel, zu Kirchweih eine fette Gans und zu Weihnachten einen Indian.

„Gefüllte Hühner"
Originalrezept

Nimm halbgewachsene Hühner, putze sie recht sauber und gut, untergreif sie, hernach nimmt man Krebse, übersiedet sie ein wenig, schneidet die Hälse in 3 Theile, nimmt ein wenig Mark oder frischen Speck und wohlgewaschenes Pries, und so wie die Krebse, muß auch das Mark und das Pries geschnitten seyn; salz' es und pfeffer's, und fülle die Hühner damit, bis es genug ist, schlag's in gar frische Netze ein, binde diese bei dem Halse und bei den Füßen zu, brate sie langsam; sie werden schön wie Krapfen, und recht gut. Wenn man zur Fülle nicht alles haben kann, was oben angezeigt ist, so schadet's auch nicht, wenn man ein Stück davon wegläßt.

Aus „Altadeliges Bayer'sches Koch- und Konfektbuch", München 1837

Der Kapaun

Die gewöhnlichen Mistkratzer waren einst als Selbstversorger zumeist eine recht magere Angelegenheit. Deshalb hat man schon im Altertum versucht, durch Kastrieren von Hahn und Henne fettere Kapaune und Poularden zu erzielen. Beide Bezeichnungen waren dem einfachen Küchenvolk natürlich fremd, so daß es zu vielerlei Schreibweisen kam, die uns heute im Zeitalter von Duden merkwürdig vorkommen. Aber sie lesen sich so nett originell, wie gerade der Kapaun bezeugt. Er wurde Koppe, Cappauner, Kopphahn, Kapam und ähnlich genannt und geschrieben, aber stets war er Grundlage nobler Speisen.

Kapaun nach Zigeuner-Art

Ein schöner Kapaun wird kurz in Fleischbrühe durchgekocht, herausgenommen, dann mit Streifen von Räucherzunge reich gespickt und in Butter vorsichtig gargedämpft. Man schneidet inzwischen etwa 200 g Räucherzunge klein, gibt 2 gekochte, feingehackte Eier, die konzentierte, also nicht zu stark aufgegossene Geflügelsoße, reichlich Kräutchen, Salz, Pfeffer und nötigenfalls ein wenig aufgelösten Bratensoßenwürfel dazu. Der Kapaun wird in gefällige Portionen zerlegt und mit dieser rauhen Soße übergossen. Als Beilage reicht man junge Gemüse und Grießknöderl dazu.

Hühnerkrapfen

Eine große Poularde oder 2—3 Göckerl werden wie üblich goldbraun gebraten. Man häutet sie und schneidet das Fleisch in erbsengroße Würfel. Dann bereitet man eine kleine weiße Butterschwitze, gießt sie mit Hühnersuppe auf und gibt das Fleisch daran. Die dickliche Soße wird mit Salz und Pfeffer, etwas Thymian und Muskat, Weinbrand und feingehackter Petersilie gewürzt und kaltgestellt. Nun steckt man dicke Oblaten ganz kurz ins Wasser und gibt je 1 Löffel voll von der Fleischmasse darauf, hüllt sie gut ein und wendet diese Oblaten-Rouladen in Ei und Semmelbröseln, taucht sie dann noch in Weinteig und bäckt sie in Schmalz goldbraun. Die Krapfen werden mit Petersilie und Zitronenschnitzen auf einer Papierspitzendecke angerichtet.

122

Ganskotelett mit Gansleber

Wenn von einer großen Gans ein Teil übrig geblieben ist, entfernt man sorgfältig alles Fleisch, bereitet dann eine ganz kleine, braune Butterschwitze, gibt die noch vorhandene Gänsesoße und das sehr klein geschnittene oder durchgedrehte Fleisch der Gans und wenigstens eine halbe, kleingeschnittene und in Butter kurz durchgebratene Gansleber, 1—2 Eßlöffel feingeriebene Mandeln, Salz, Pfeffer, Petersilie, ein wenig geriebene Zitronenschale und noch nötigenfalls einige Semmelbrösel hinzu. Die kalte Masse wird zu kleinen Koteletts geformt, die man in Butter rasch doppelseitig herausbrät und gefällig anrichtet. Man gießt entweder in Butter geschmorte Champignons darüber oder setzt die andere Hälfte der in Scheibchen geschnittenen und ganz kurz in Butter gebratenen Gansleber darauf. Auch Gänseleberpastete paßt dazu.

Gaunergans

Sie heißt so, weil die Gans in unserem Fall als Versteck für eine entsprechend kleinere Ente dient und weil man nur *eine* Bratpfanne für beide Vögel braucht. In eine große, innen gut gesalzene und gepfefferte Gans schiebt man eine junge Ente, die mit Salz, Pfeffer und Majoran herzhaft gewürzt wurde. Um die Ente unterbringen zu können, wird die Gans entsprechend weit aufgeschnitten und dann zugenäht. Man würzt sie auch außen und brät sie dann gute 2 Stunden. Beide Vögel werden wie üblich tranchiert und auf Sauerkraut oder Blaukraut so angerichtet, daß außen die goldene Gans und innen die helle, zarte Ente liegt. Man kann die Gans auch einfach halbiert auftragen.

Rollierte Ente

Eine große Ente wird am Bauch aufge-schnitten und von innen her völlig ent-beint, wobei die Außenhaut ganz blei-ben muß. Man würzt sie mit Salz und Pfeffer und bereitet dann die Fülle. Da-für werden je 250 g Kalb- und Schwei-nefleisch und 100 g Räucherzunge oder zarter Schinken durchgedreht und mit 2 Eßlöffeln gewiegten Kapern, $1/2$ ge-hackten in Butter geschmorten Zwiebel, etwas Knoblauch, Salz, Pfeffer, Bröseln und 2 Eiern vermengt und dick auf die möglichst groß ausgebreitete Ente ge-

strichen. Man rollt sie auf und näht das Ende fest an. Dann wickelt man sie in ein Tuch ein, bindet sie und kocht sie in Salzwasser mit reichlich Suppengrün, Lorbeerblatt, Thymian, Basilikum, Pfefferkörnern und 1—2 Glas Weiß-wein. Nach etwa 2 Stunden nimmt man die Roulade heraus, löst sie aus der Hülle und beschwert sie. Nach dem Er-kalten wird sie entweder mit etwas Weingelee überglänzt oder mit Mayon-naise garniert. Man schneidet sie wie eine Pastete in Scheiben.

Ente auf Schinkenmaroni

Eine junge Ente wird mit Salz, Pfeffer, Paprika und ein wenig gepulvertem Salbei gewürzt und wie üblich gebraten. Inzwischen röstet, schält und kocht man etwa 1 kg Maroni, dreht sie durch und bindet sie mit einer kleinen hellen und buttrigen Schwitze. Unter den Brei rührt man neben Salz, Pfeffer und etwas

feingeriebenem Thymian etwa 100 g mageren, in feine Stiftel geschnittenen Schinken sowie knapp 1 Weinglas Port-wein. Das dickliche Mus wird als Kranz auf die heiße Platte gespritzt und mit der tranchierten Ente gefüllt. Die Soße wird gesondert serviert. Dazu gibt man Blaukraut und Semmelknödel.

Der Indian

So wird in Bayern seit alters her der Truthahn, auch Pibgockel oder Biberhenne, genannt. Indian ist älteste Erinnerung an Christoph Columbus, der statt Amerika ursprünglich ja Indien entdecken wollte, weshalb dieser von ihm nach Europa gebrachte exotische Vogel in alten Kochvorschriften auch noch „Kalekutischer Hahn« oder „Kalekutische Henne" genannt wird. Pibgockel ist die bäuerliche Be-zeichnung für ihn, denn diese großen und brutwilligen Tiere wurden gerne zum Ausbrüten und Führen von Biberln (Küken) verwendet. Sie sitzen getreulich im Nest und brüten mehr Biberl aus, als die wesentlich kleineren, echten Mütter. Dabei hat man besonders gern die größeren Gockel mit Semmelbrockerln, die in Rum getaucht wurden, „damisch" gemacht, damit sie ruhiger wurden und lieber auf den Eiern sitzen blieben.

Diese nützliche Verwendung der Tiere brachte es mit sich, daß einstmals auf jedem altbayrischen Bauernhof eine Schar der kollernden Großvögel zu finden war, was auch die Wochenmärkte bereicherte. Und die heutzutage leider ausgestorbenen bayrischen Kocherln wußten auch gut mit diesen Riesenbraten umzugehen.

Indian mit Leberfülle und Preiselbeer-Äpfeln

Ein zarter, nicht zu großer Truthahn wird wie üblich vorbereitet. Man reibt ihn also außen nur mit Salz, innen aber mit Salz, etwas Pfeffer und Curry ein. Dann schneidet man je nach seiner Größe 3—4 Semmeln fein auf, gießt ein wenig kochende Milch darüber und fügt 100 g durchgedrehte Kalbsleber sowie die Truthahnleber, eine gute Prise Majoran, Salz und Pfeffer, Suppenwürze, ein wenig geriebene und in reichlich Fett geschmorte Zwiebel, geriebene Zitronenschale, 1—2 Eßlöffel Brösel oder kurz angekochte Kartoffelwürfel, 2—3 Eßlöffel geriebene Erdnüsse, 2 Gläschen Rum und 2—3 Eier hinzu. Diese zarte Masse, die durch die Leber noch anzieht, wird in den Truthahn gefüllt, den man dann sorgfältig zunäht. Man bindet die Schlegel fest an den Körper und brät ihn unter häufigem Begießen langsam goldgelb. Dies dauert je nach seiner Größe $1^1/_2$—$2^1/_2$ Stunden. Er wird schön transchiert und auf einer großen Platte angerichtet und mit weißen Papiermanschetten an den Füßen und Petersilie garniert. Man umlegt ihn mit der aufgeschnittenen Fülle und in verdünntem Weißwein gekochten, ausgehöhlten Äpfeln, die mit Preiselbeeren gefüllt wurden. Dazwischen setzt man Zitronenrädchen. Die Soße, die gesondert serviert wird, schmeckt man noch mit einem Schuß Rum ab.

Tauben in Weinsoße

Geputzte, halbierte Tauben werden mit leicht verdünntem Weißwein in eine Reine gegeben. Man fügt Salz, Muskatblüte und getrocknete Maurachen (Morcheln) oder Steinpilze, 1 Eßlöffel Kapern und etwas Butter hinzu. Darin läßt man die Tauben langsam weichdünsten und die Soße ziemlich einkochen. Sie wird dann nochmals mit etwas Wein aufgegossen und mit 2—3 verklopften Eidottern eingedickt, aber nicht mehr gekocht. Man schmeckt sie noch mit gehackter Petersilie und Suppenwürze ab und gibt 1 Dose Artischockenböden hinein. Zusammen mit diesen werden die Tauben in einer tiefen Schüssel angerichtet. Als Beilage dient Reis. Hoffentlich waren es junge Täuberl!

Höfische Speisekartenlese

Eine reiche Sammlung von Speisekarten des Königlich Bayrischen Hofs mit regional und zeitlich interessanten Aussagen läßt eine reizvolle Ausbeute zu. Was da an sprachlich drolligen Mischungen von französischer und bayrischer Sprache, an frommer Erfüllung des freitäglichen Fastengebotes, an Beachtung hoher Feiertage und Festlichkeiten, auch anläßlich bedeutender Besuche, an lieben Gewohnheiten und Erinnerungen, familiären Bindungen, Bescheidenheit und Prunk zutagetritt, das wäre einer viel längeren Betrachtung wert.

Man muß sich natürlich erst einlesen, um zu wissen, daß beispielsweise am 6. November 1906 das Einweihungsdiner des Deutschen Museums in München stattfand oder daß zwei Menükarten aus Sarvar, dem ungarischen Gut König Ludwigs III., davon eine am 16. Juli 1907 in ungarisch, den Empfang von Magyaren und die andere am 17. Juli in deutsch, den Alltag widerspiegeln. Für Fronleichnam wurden eigene, besonders hübsche, hellblau-silberne Doppelkarten geprägt und auf einer anderen Karte ein rustikales Jagdfrühstück in Schleißheim mit Weiß-, Brat- und Schweinswürsten geboten. Eine handgeschriebene Karte aus Wildenwarth gilt einem einfacheren Familienmenü, die aus Leutstetten einem privaten Empfang. In Schloß Berg fand eine Begegnung mit österreichischen Verwandten, in der Residenz in München ein offizieller Hofball statt. Das alles ist auf Speisekarten zu lesen.

Sogar die Köche, die für einzelne Menüteile verantwortlich waren, sind auf den größeren Karten genannt, ebenso auch die Dirigenten der Tafelmusik Högg und Fürst vom Bayrischen Infanterie-Leibregiment. Man liest auch, was die Gäste

126

den 1. Nov. 1883.   1

Speisezettel.

Julienne-Suppe
Rindfleisch garnirt
Blumenkohl mit Farce-Cotteletten
Gans mit Salat
Bisquit gerollt.

Dessert.

Adresse: Josepha Klinker
Hofköchin bei Gr. Ludwig

getrunken haben. Die Auswahl war groß; sie reichte vom einfachen Tischwein über die feinsten Rhein-, Mosel- und Frankenspezialitäten zu französischen Rotweinen; spanische, italienische und ungarische Getränke, wie Marsala oder Malaga von 1807 sind da, ebenso Sherry, Samos und griechische Importen, wie Paxarete, Santorin sec., Mavrodaphne, Ximenes usw., wahrscheinlich noch von Otto, dem jungen König der Griechen, einem Sohn von Ludwig I., stammend oder angeregt. Bier tritt nur gelegentlich auf, dafür aber regelmäßig Champagner der Marken Mumm, Ruinart oder Pommery; deutsche Schaumweine galten damals noch nicht als hoffähig. Vielleicht hätten sich die Herren gefreut, wie heutzutage, auch Nymphenburger Schaumwein trinken zu können.

Auch die Auswahl an Likören war nicht schlecht; sie reicht vom Kirschwasser über Bénédictine zu Anisette, Curaçao und Grand Marnier, der schon vor rund 150 Jahren die Tafel bereicherte.

Nett ist es auch, innerhalb der langen Speisenkolonnen bei großen Gala-Essen in französisch plötzlich „Rahmstrudel" oder „Dukatennudeln sauce vanille" oder „Glace aux Schmankerl" zu lesen. Auch Altenburger Schokoladekrapfen sind zu finden, ein Rezept, das Königin Therese, die Gattin König Ludwig I., aus ihrer Heimat mitgebracht hatte und das bei Familienfesten auftaucht. Natürlich ist das täglich wiederkehrende Ochsenfleisch mit Gemüse in variabler Darbietung auch stets da.

Dies alles sind keine Zufälle, sondern bewußter Hang zur Tradition, eine trotz aller Internationalität der Speisefolgen gepflegte bayrische Küche. Da gibt es zwischen den feinen Gateaux und Glaces, Tourtes und Tartelettes oft Oblatenküchel und Strauben, Regenwürmer und Zopfnudeln, Berchtesgadener Apfelstrudel, Ochsengurgeln, Dampfnudeln, „Schmarrn et compote", Zwetschgenbavesen und Hollerküchel. Gelegentlich taucht auch die uralte Bayrische Rahmsulz, die Crème Bavaroise auf (weiteres über sie Seite 194). Gerade die letztere ist im Kochbuch von Julius Rottenhöfer, dem Vademekum der bayrischen Hofküche, gleich mit 37 Rezepten vertreten.

Zu Beginn der königlichen Epoche, also in der ersten Hälfte des 19. Jahrhunderts, waren die Menükarten nur französisch. Später dann, etwa wenn der Kaiser kam, wie zum Beispiel am 14. November 1905 nach Nürnberg, beim Prinzregenten und besonders bei König Ludwig III., da war fast alles dann schon deutsch geschrieben. Auch „Louis deux", wie Ludwig II. heute kurz genannt wird, hat sein geliebtes Hechtenkraut deutsch verzehrt, obwohl er ansonsten „Quenelle de brochet", also Hechtknödel, lieber in französisch von der Karte las. Eine simple Suppe mit Kartoffelknödeln hieß bei ihm „Consommé aux quenelles de pommes de terre".

Gala-Tafel

bei

Seiner Königlichen Hoheit

dem

Prinz-Regenten.

___

München, den 15. März 1892.

Speisen.

Suppe nach Persigny	Dry Madère
Geflügelslebern mit Trüffeln	
Saiblinge mit Petersilientunke	Hermitage mousseux
Hammelrücken mit jungen Bohnen	Château Lafite 1877.
Kapaunen nach Vopalière	
Seekrebse mit Kräutertunke	Champagne Mumm

Römischer Punsch

Fasanenbraten mit Kopfsalat	Steinberger 1884.
Spargeln	
Bäckereien und süsse Sulzen	
Gefrorenes: Johannisbeeren, Haselnüsse	
und Muskat.	Malaga 1807.

Titel- und Innenseite einer Menükarte für Prinzregent Luitpold

Einmal las er auf der für ihn aufgelegten Menükarte „Filet Mignons de veau à l'Allemagne". Er hat gefragt, warum die Kalbsfiletchen „à l'Allemagne" heißen sollten. Auf die Antwort, daß sie schwarz-weiß-rot mit Trüffeln, Speck und Räucherzunge garniert seien, meinte er: Gibt es das Gericht denn nicht auch „à la Bavière"? Aber weiß-blau war es von der Küche her nicht zu schaffen.

Kartoffeln treten nur ganz selten in Erscheinung und wenn, so sind sie ausdrücklich erwähnt. Man aß Makkaroni „Nockes de semoule d'Italienne", also italienische Grießnocken, Teigwaren, Knödel, Maronipüree, Eierkuchen und kaum einmal Rahm- oder Röstkartoffeln. Andererseits gab es Suppen und Pasteten, Croquettes, Torten und ähnliche Feinspeisen aus Kartoffeln.

Natürlich wurden neben fremden Delikatessen und Weinen viel einheimische Zutaten, wie Schlierseehuchen, Donauschill, Chiemseerenken, Saiblinge aus dem Königssee, Wildschweine aus dem Forstenrieder Park oder dem Spessart, Gemsen von den Hintersteiner Bergen, Hirsche von der Berchtesgadener Jagd, Eier, Schmalz und Ferkel oder Obst und Gemüse aus Leutstetten verwendet. Man erfreute sich an einer Adelholzener Torte, dem Affinger Hefekuchen, an „Noques à la Partenkirchen", an Berchtesgadener Schmarrn und benannte auch gerne Speisen, wahrscheinlich Neuschöpfungen, nach Familienmitgliedern wie „à la Leopold", nach Prinz Karl, Prinzessin Therese und auch auf unbestimmtere Weise nur nach Königin-, Prinzessin-, Herzogin- und Marschall-Art, wie auch Montgelas, Wrede und andere Namen der Zeit kulinarisch zu Ehren kamen.

Die Küche war aber durchaus nicht nur mit einheimischen Zutaten beschickt; man hat Kaviar und Stör aus Rußland, Südfrüchte aus Griechenland und Italien, Gänseleberpasteten aus Straßburg, Zuckererbsen aus Paris, Poularden aus Châlons, Mastenten aus Rouen, Hammel aus Irland, Rentiere aus Kurland, Haifischflossen aus Indien, Tafelobst aus Südfrankreich usw. kommen lassen und nicht nur französisch, sondern auch international gekocht. Da gab es Austern und Schildkröten, Hummern und Haifischflossen, wie in jeder anderen Luxusküche, aber reich eingestreut doch stets wieder die guten bayrischen Mehlspeisen und andere, althergekommene Gerichte. Und immer wieder tritt die nähere Bezeichnung „aux Schmankerl" als Zusatz zu allerlei kleinen Feingerichten auf.

Auch beim Adel und in höheren Beamten-, Offiziers- und Diplomatenkreisen gab es bei Festlichkeiten und Familienfeiern Menükarten, die nicht weniger über die „vornehmen" Eßgewohnheiten der Teilnehmer aussagen. So treten nicht selten auf hübsch gedruckten Doppelkarten mit Obst und Dessert 10 Gänge und danach noch Mokka und Liköre auf. Wie hat man das nur alles geschafft?!

DINER
DU *16* Mai 1896.

—✳—

Hors d'Oeuvres

Potage St. Marceaux

Petits patés

Turbot Sauce Crevettes

Petits pains de Volaile, haricots verts

Roastbeef au jus

Salade

Petits pois

Bavarois au Café

Café.

LIEBERMAN & FR. FONT. 86

SPEISEN-FOLGE.

Windsorsuppe

Rheinlachs mit Estragonsauce

Ochsenlende mit jungen Gemüsen

Turban von Birkhühnern

Trüffelpastete in Sulze

Gänsebraten mit Kopfsalat

Spargeln

Apostelkuchen mit Früchten

Gefrorenes von Erdbeeren und Vanille.

WEINE.

Sherry

Château Ducru 1884

Champagne Mumm

Niersteiner Glöck 1893

Muscatel.

Titel- und Innenseite der kgl. Speisekarte zu Fronleichnam 1907

Menu.

Sárvár, 1907. julius 16-án.

Áttört tyuk-leves

Fogas majonézzel és tartár mártással

Bélszin à la Jardineur

Őzremek zöldbabbal

Bécsi poulard salátával

Torta

Fagylalt

Dinnye és őszi barack

Kávé

Sör
Sherry
93 Somlói
901 Villányi
Mumm
Grand-Ma

Menu.

Sárvár, den 17. Juli 1907.

Eingeträufelte-Suppe

Gansleber m. Reis

Lungenbraten à la Fines-herbes

Wiener Huhn m. Compot

Schwarzbrod-Pudding m. Wein Chaudeau

Tutti-Frutti-Eis

Pfirsiche

Kaffe

Bier
93 Somlóer
Mumm
Benedictine

Schleißheim, den 5. Februar 1910.

Kgl: Jagdfrühstück:

Erbsensuppe,
Weiß- Brat- & Schweinswürste,
Gedämpfte Beefsteaks
mit gerösteten Kartoffeln
und Spinat,
Käse und Käsewaffeln,
Obst,
Kaffee.

Freitag den 9. Januar 1914.

Kartoffelsuppe
Gekochten Schill mit Capernsose
Schwedische Platte
Gefüllte Artischockenböden
Dampfnudeln mit Vanillesose
Dessert

_____

Kgl. Abendtafel
Hechtenkraut
Käse und Butter

Hechtenkraut
Rezept Seite 35

Wild

Hallali und Horrido erklangen oft auf den bayrischen Jagden, wenn der Hof aus-
zog in die weiten Wälder oder ins Gebirge. Die Wittelsbacher im grünen Rock waren von altersher ein bekannter Anblick und es darf daher nicht verwundern, wenn
auf den Menükarten des Hofes und im Kochbuch des Julius Rottenhöfer so häufig
Wild zu finden ist. Mit den damals noch so üppig wachsenden Schwammerln, mit
dickem Rahm und feinem Gewürz, mit besonderem Können und auf schönen
Platten serviert, war Wild ja auch vom Hasen bis zur Gams eine noble Zutat der
königlichen Tafel.

Rehrücken mit gefüllten Artischocken

Ein gut abgelagerter Rehrücken wird gehäutet und gespickt, wenn man ihn nicht schon fertig gespickt gekauft hat. Man beizt ihn 1—2 Tage in einer Mischung aus einer Tasse starkem Rotwein und einer Tasse Öl ein und wendet ihn dabei täglich mehrmals. Dann wird er herausgenommen, abgetropft und mit einer gehackten Zwiebel in reichlich Butter scharf angebraten und dabei mit Salz und Pfeffer bestreut. Die Ölweinbeize gießt man allmählich dazu und übergießt den Braten damit auch immer wieder, bis er schön zart, innen aber noch rosa ist, was je nach Größe 40—50 Minuten dauert. Nun löst man die beiden oberen Filets aus dem Knochengerüst, nimmt auch die beiden unteren heraus, schneidet sie in schräge Scheiben und legt sie wieder in das Gerippe zurück. Der Braten wird mit etwas Soße angerichtet; außenherum setzt man abgetropfte Artischockenböden aus der Dose, die leicht in Butter erwärmt und abwechselnd mit in Butter geschmorten und mit Mandeln gespickten Stückchen von Gänseleber oder mit grünen Erbschen und mit rasch angewärmten Maraschino-Kirschen gefüllt wurden. Den Rest der Soße serviert man gesondert.

Rehschnitzel mit Schwammerl

Geklopfte Rehschnitzel werden gesalzen und gepfeffert und in heißem Fett wenige Minuten gebraten. In das Fett gibt man eine rohe, geriebene Gelbe Rübe, ein Stückchen geriebenen Sellerie und, wenn das Gemüse durchgeröstet ist, einen Teller voll aufgeschnittene Steinpilze oder Maronenröhrlinge. Man läßt sie kurz dünsten, gibt ganz wenig Mehl darüber und gießt mit Weißwein auf. Die Schwammerl werden über die angerichteten Schnitzel gegossen.

Originalrezept aus Schloß Oberzwieselau
im Bayrischen Wald

Reh-Pain

Ein Rehpain ist in mehrfachem Sinn begrüßenswert; es kann tagelang vor Gebrauch gemacht werden; es ist eine noble Kaltspeise für festliche Gelegenheiten und man kann auch Reste dafür verwenden.

1¹/₂—2 Pfund Reste von Rehbraten oder auch die Bauchlappen vom Reh oder sonstige rohe Fleischreste, die in leichtem Essigwasser gekocht wurden sowie 250 g Speck oder fettes Schweinefleisch werden mit 1 Zwiebel, reichlich Petersilie, 1—2 eingeweichten und wieder ausgedrückten Semmeln und etwas Wild-

oder Kalbsleber durch die Maschine gedreht. Die Masse wird mit 2—3 Eiern, Suppenwürze, Salz, 1 Kaffeelöffel Pastetengewürz, fein abgeriebener Zitronenschale, Majoran und Rosmarin herzhaft gewürzt. Man kann auch noch 2—3 sehr fein gewiegte Tannennadeln dazugeben; das ergibt einen besonders feinen Geschmack. Dann wird eine Rehrücken-Kuchenform gut ausgefettet, mit dem Pain gefüllt und mit Speckwürfeln bestreut. Man bäckt das Pain in der Röhre, stürzt es und kann es warm oder kalt auftischen.

Hirsch-Roulade

Eine Hirschschulter wird vom Knochen befreit und so zurechtgeschnitten, daß man sie flach auflegen kann. Dann schneidet man reichlich Speckwürfel klein, gibt 1 gehackte Zwiebel, 1—2 zerdrückte Knoblauchzehen, reichlich gehackte Petersilie, etwas aufgerissene Petersiliewurzel, einige grüne Pfefferkörner, Salz und Pfeffer dazu und verteilt diese Mischung auf das Fleisch. Man streut noch gehackte Essiggurken darauf und rollt die Schulter nun lose zusammen. Sie wird gebunden oder es wird der Fleischrand fest angenäht. Dann wird der Rollbraten, wie sonst auch üblich, in heißem Fett scharf angebräunt und gewendet. Man gießt die Soße langsam mit etwas Rotwein und saurem Rahm auf und gibt ein Stückchen Schwarzbrotrinde oder Soßenlebkuchen dazu. Besonders raffiniert schmeckt die Soße, wenn man statt Rotwein Portwein verwendet. Je nach Größe braucht der Rollbraten $1^{1}/_{4}$—$1^{1}/_{2}$ Stunden bei guter Hitze. Die Soße kann man durch ein Sieb drücken und noch gehackte Weichseln hineingeben. Auch Preiselbeeren schmecken gut.

Hirschfilets nach Prinz Karl von Bayern

Der Rücken eines Hirschkalbs oder eines jungen Damhirsches wird sorgfältig gehäutet und gekocht, bis er schön zart gar ist. Man nimmt die großen Filets heraus, bestreicht sie mit Butter und Eidotter, bestreut sie mit Semmelbröseln und etwas Parmesan-Käse, träufelt Butter darauf und brät nun beide Filets bei guter Oberhitze rasch gar. Sie werden in schräge Streifen geschnitten und mit Orangenhälften angerichtet, die mit Meerrettich-Rahm gefüllt sind. Dazu reicht man eine Cumberlandsoße, die mit 1—2 Likörgläsern Grand Marnier abgeschmeckt wird. Die Filets können warm und kalt serviert werden.

Hirschfilets im Schlafrock

Wenn der Ziemer zerschossen oder zu groß ist, bereitet man aus den beiden ausgelösten Filets diesen noblen Braten. Aus einem Hirschziemer löst man die beiden großen Filets aus, häutet und salzt sie, reibt sie mit Pfeffer und etwas Paprika ein und staucht sie so, daß sie zwei schöne, dicke Braten ergeben. Man kann aber auch mehrere Stücke daraus schneiden. Sie werden bei großer Hitze und mehrmaligem Wenden etwa 10 Minuten scharf angebraten. Dann wird ein Stück Speck in kleine Würfel geschnitten und mit etwas gehackter Zwiebel, Petersilie, einem gehackten, möglichst frischem Salbeiblatt, Salz und etwas Pfeffer kurz durchgeschmort. Damit umgibt man die Filets und hüllt sie dann in einen Mürbteig (200 g Mehl, 80—100 g Butter, 1 Ei, etwas Salz und saure Milch) ein; die Teigenden müssen gut geschlossen werden. Dann schiebt man die Filets ins Backrohr, wo sie je nach Dicke 20—30 Minuten bei guter Hitze goldbraun gebacken werden. Sie müssen innen noch saftig rosa sein. Als Beilage reicht man zartes, junges Gemüse und braune Butter.

Gedämpfte Hirschsteaks

Von einem großen Hirschfilet schneidet man dicke Steaks etwas schräg ab, klopft und salzt sie. Dann legt man sie mit aufgeschnittener Zwiebel, 1—2 Eßlöffeln gehackten Kräutern, Tomatenvierteln und reichlich gehacktem Speck in heißes Fett und läßt sie zugedeckt 25—30 Minuten bei guter Hitze schmoren. Zuletzt überpudert man die Steaks noch mit Pfeffer aus der Mühle und gibt das inzwischen weichgeschmorte Gemüse mit dem Speck darüber.

Wildschwein in Wacholdersoße

Ansehnliche Würfel aus der Schulter werden in wenig Salzwasser mit Zwiebel und Suppengrün zart weich gekocht. Man bereitet dann eine gelbliche Schwitze, die mit dem Kochwasser und etwas saurem Rahm aufgegossen wird und kocht 5—6 zerstoßene Wacholderbeeren, 1 Nelkenkopf, etwas Essig und eine Prise Zucker gut darin durch. Zuletzt gibt man das Fleisch hinein und läßt es noch eine Weile ziehen. Als Beilage eignen sich Teigwaren.

Überkrustete Wildschweins-Schulter

Die ausgelöste Wildschwein-Schulter wird in einer Beize aus Essig, Salz, zerdrückten Wacholderbeeren, Zwiebeln, Knoblauch, Sellerie, Gelbe Rüben und einigen Pfefferkörnern weich gedämpft. Dann nimmt man sie aus der Soße, bedeckt sie mit einer Schicht Schwarzbrotbröseln, welche mit etwas Zucker, Zitronenschale, Salz und erwärmter Butter zu einem Brei verrührt werden. Die Schulter gibt man nun wieder in die eigene Soße zurück; sie wird in der Röhre nochmals überbacken, bis die Brösel-kruste oben hart und schön braun ist. Dann wird sie in gleichmäßige Schnitten geteilt und auf einem Sockel von Kartoffelbrei angerichtet. Die braune Bratensoße wird leicht eingedickt, mit Rotwein und eingekochten Preißelbeeren sowie Zitronensaft pikant abgeschmeckt und durch ein Sieb gestrichen. Sie wird gesondert serviert, denn das Fleisch soll mit seiner braunen Bröselkruste nicht feucht werden; es darf also keine Soße darüber gegossen werden. Probatum est!

Gefüllter Wildschweinskopf

Das ist ein aus dem Mittelalter stammendes Schaugericht, das vom Bayrischen Hof übernommen und auch liebevoll gepflegt wurde. Selbst heute noch, nicht zuletzt durch die erinnerungsträchtigen Bemühungen der Verfasserin, ist dieser prächtige Wildschweinskopf wieder auf kalten Büffets bei hochoffiziellen Anlässen wie auch bei privaten Geselligkeiten zu finden. Das altbekannte Münchner Feinkostgeschäft Dallmayr hat ihn als Attraktion in sein Programm aufgenommen. Seine Herstellung ist zwar langwieriger, als ein gefrosteter, fertig gespickter Rehziemer; er ist aber auch sehenswerter und mit seiner Zitrone im Maul sozusagen von kulinarisch-historischem Reiz.

Der gefüllte Wildschweinskopf

war ein Lieblingsessen von Prinzregent Luitpold. Er ist, wie erzählt wird, oft schon in der Vorfreude auf diese Delikatesse zur Wildschweinsjagd in den Spessart oder in den Forstenrieder Park gegangen und der Hofkoch Rottenhöfer hat es auch verstanden, ein wundervolles Tafelstück zu präsentieren.

Man benötigt den Kopf eines jungen Keilers, der rings um die Schultern abgeschnitten wird, rasiert ihn sorgfältig und löst ihn von innen her so aus, daß die Außenhaut nicht verletzt wird. Bis auf eine 1 cm dicke Schicht muß alles Fleisch von den Knochen entfernt werden. Dann legt man die Kopfhaut möglichst flach auf und entfernt noch die häutigen und drüsenartigen Teile, näht die Öffnungen an den Ohren und an den entfernten Augen zu, bindet die Schnauze zu und schneidet das ausgelöste Fleisch in grobe Würfel. Man mischt etwa $^1/_2$ Pfund Salz mit 35 g Salpeter und 30 g Zucker und reibt damit die Kopfhaut innen und außen ein und gibt den Rest unter die Fleischwürfel, die man in die Kopfhaut einfüllt. Dann legt man das Ganze in ein großes Holzgefäß, wo es mit einem Tuch bedeckt und mit einem Stein beschwert wird, damit es ungefähr 8—10 Tage gut durchsuren kann. Das Fleisch muß schön rot werden; man muß es aber alle 1—2 Tage einmal umwenden, damit es frisch und saftig bleibt.

Hierauf vermengt man die gut abgetropften Fleischwürfel aus dem Kopf mit etwa 1 kg kleinwürfelig geschnittenem Speck, 125 g geschälten Pistazien, 1 Döschen feingehackten Trüffeln oder etwa 100—200 g in Butter geschmorten und kleingeschnittenen Champignons, einem Stück fein aufgeschnittener Räucherzunge, Pfeffer, etwas Thymian, 1—2 Kaffeelöffeln Pastetengewürz, einer Prise Paprika und Ingwer sowie 2—3 Likörgläsern Cognac. Diese Fülle wird nun so in den Kopf gedrückt, daß er wieder seine alte Form bekommt. Man näht ihn unten mit einer großen Speckschwarte zu, gibt ihn in ein Tuch und umschnürt ihn stark mit Bindfaden, aber so, daß er seine Form nicht verliert.

Er wird in einem möglichst großen Geschirr 6 Stunden langsam gekocht. Wenn er obenauf schwimmt, ist er fertig. Nach 1—2 Stunden auskühlen nimmt man ihn aus der Brühe, entfernt Tuch und Faden und knetet die noch lauwarme Haut mit der Hand, damit der Kopf wieder natürlich aussieht.

In der Zwischenzeit kocht man aus etwa 1$^1/_2$ Liter Brühe, den ausgelösten Knochen, 3—4 Schweins- oder Kalbsfüßen, Zwiebel, Suppengrün, Sellerie, einigen Pfefferkörnern, 1 Lorbeerblatt, etwas Thymian und Wacholderbeeren sowie $^1/_2$ Liter kräftigen Rotwein eine Sülze, die stark durchgekocht werden muß. Wenn sie leimig ist, klärt man sie mit 1—2 zerschlagenen Eiweiß und siebt sie durch ein Tuch ab. Sie muß schön stehen und gut säuerlich schmecken. Man gießt sie über den nunmehr auskühlenden Kopf, so daß seine ganze Haut glänzt, entfernt die angenähten Schwarten und die Fäden an den Augen und dekoriert den Kopf mit reichbesteckten Spießen und Tannengrün oder Asparagus. Die Sülze, die noch mit Madeira abgeschmeckt wird, läßt man erkalten, schneidet sie in kleine Würfel und legt diese um den festlich angerichteten Wildschweinskopf, der noch einen großen Zitronenschnitz ins Maul bekommt.

Gefüllter Hase

Ein großer Hase wird von Kopf, Hals und den Läufen befreit. Man schneidet das Mittelteil am Bauch völlig auf, löst vorsichtig von innen die Rückgrat- und die Brustknochen aus und entfernt auch alles Fleisch von den übrigen Knochen-

teilen. Es wird mit genausoviel frischem Speck zweimal durch die Maschine gedreht, dann mit Salz, Pfeffer, etwas Thymian, Majoran, einer Spur Ingwer, weißem Pfeffer, Zwiebel und Knoblauchpulver sowie 2 Eßlöffeln feingehackter Petersilie, die kurz in Butter vorgeschmort wurde, gewürzt. Man streicht die Farce auf den ausgebreiteten Hasenrücken und legt dazwischen schmalgeschnittene Streifen von Speck oder fettem Schinken oder Pökelzunge, bis alles verbraucht wird. Zuletzt näht man die Brustteile über der Fülle zusammen, näht vorne und hinten eine dünne Speckscheibe an und hüllt den Hasen in eine gefettete Bratfolie, die wie eine Wurst mit Bindfaden geschnürt

wird. Diesen Hasenrücken kocht man in Fleischbrühe, in der noch 2—3 Gläser Weißwein, einige Pfefferkörner, 1 Lorbeerblatt, Thymian und 2—3 Eßlöffel Küchenkräuter enthalten sind.

Der nahezu erkaltete Hasenrücken wird dann aus seiner Hülle genommen, in gut 1 cm dicke Scheiben geschnitten und kalt mit einer Madeira- oder Cumberlandsoße oder warm mit einer dunklen Wildsoße, die aus den Knochen bereitet wurde, angerichtet.

Als Beilage gibt man große Grießnocken oder kleine Semmelknödel oder Meerrettich-Kartoffelknödel oder zu Herzchen ausgestochene, dicke, geröstete Weißbrotscheiben sowie grüne Bohnen oder Erbsen dazu.

Hasenrücken in Maronipüree

Ein gehäuteter und gespickter Hasenrücken wird mit Salz, Pfeffer, Delikateß-Paprika und ganz wenig geriebenem Thymian eingerieben und in reichlich Butter unter häufigem Begießen mit etwas Rotwein und Rahm gargebraten. In der Zwischenzeit röstet man 1 kg Maroni und schält die äußere und die innere Haut davon ab und kocht sie in Salzwasser so weich, daß man sie durch ein Sieb drücken kann. Das Püree wird mit etwas Butter, einer Spur Salz und Zucker verschlagen und als Bett auf eine heiße Platte gestrichen; außenherum spritzt man noch große Rosetten davon und legt dann den transchierten Hasenrücken darauf. Die Soße wird mit Rotwein und Rahm, einer Prise Zucker, 2 Likörgläsern Gin oder anderem Wacholderschnaps, Suppenwürze, Pfeffer aus der Mühle und 1 Kaffeelöffel Preiselbeeren oder Himbeersaft pikant abgeschmeckt. Nach Belieben kann man auch ein wenig geriebenen Meerrettich dazugeben. Sie wird gesondert gereicht. Als Gemüse eignen sich süß gekochtes Blaukraut oder frische, grüne Bohnen. Aber auch Sauerkraut schmeckt gut.

Hasenrücken mit saurem Rahm

Der ausgelöste Rücken samt den Keulen eines fetten Junghasen wird nach dem Häuten reich gespickt, mit Salz und Pfeffer bestreut und in Butter scharf angebraten. Dann gießt man gut ¼ Liter sauren Rahm darüber und fügt 2—3 Eßlöffel getrocknetes oder doppelt so viel frisches, kleingehacktes Suppengemüse und 1 Glas Rotwein hinzu. Der Hase wird unter ständigem Übergießen zart gar gebraten; zuletzt wird die Soße durch ein Sieb gegeben und über den gefällig angerichteten Hasen verteilt. Man kann dabei den Ziemer auslösen und die in schräge Streifen geschnittenen Filets in das Knochengerüst hineinlegen.

Niederbayerische Hasenknödel

Von einem abgehangenen Hasen — es kann sich dabei auch um einen älteren Herrn handeln — nimmt man alles Wildpret von den Knochen und gibt es mit halbsoviel durchwachsenen Speck durch den Wolf. An diese Masse kommen 2 Eier, Salz und Paprika, ½ Zwiebel, etwas Knoblauch, einige Eßlöffel Semmelbrösel oder zwei eingeweichte und ausgedrückte Semmeln, je 2—3 Eßlöffel Rotwein und Öl, reichlich feingehackte Kräutl, etliche gehackte Kapern, Zitronenschale und schließlich noch 1—2 Kaffeelöffel Sardellenpaste. Die Masse wird gut durchgeknetet und nötigenfalls noch mit 1 Eßlöffel Mehl gebunden. Man formt schöne Knödel daraus und kocht sie in Salzwasser, bis sie schwimmen. Dazu serviert man eine Sardellen- oder Kapernsoße oder auch ein Pilzgemüse.

Große und kleine Menüs

„Groß und klein" ist oft nur ein vager Begriff, denn es kommt auf den Standpunkt an. Aus dieser Perspektive sind auch die Ausführungen von Antonius Anthus („Vorlesungen über Eßkunst", 1838) zu betrachten. Er hat eigentlich Dr. Gustav Blumroeder geheißen, war Arzt in Amberg und lebte von 1802–1853. Er war mit Carl Friedrich von Rumohr wohl der bedeutendste Gastrosoph deutscher Sprache und aus Bayern zudem.

Was er ein großes und vor allem aber, was er ein kleines Menü betitelt, ist für uns Heutige staunenswert und interessant. Hatte man dazumal so viel Geld, so viele Hilfskräfte, so viel Zeit, dies alles zu genießen und überdies so große Mägen? Er sagt unter anderem:

„Eben um jenes unnachdenkliche Vielerlei, Durch- und Übereinander auf natürliche Normen zurückzuführen, habe ich für eigentliche Gastmähler Fische, Vierfüßer und Geflügel postulirt, von welchen drei Grundtypen bei einem und demselben eigentlichen Festmahl allerdings je mehrere und verschiedene Spezies, z. B. Hechte, Lachse, Forellen, — Rinds-, Kalbs- und Rehbraten, — Schnepfen, Truthahn und Rebhühner, aufgetragen werden können.

Aber bei weniger festlichen, bei einfacheren Essen genügt ja z. B. Hecht, Rehbraten und Huhn; bei einem andern: Stockfisch, Hasenbraten und Truthahn; bei einem dritten: Kaviar, Schweinsbraten oder Wildschwein und Krammetsvögel. Oder man kann ja auch blos Grundeln, Roastbeef und Rebhühner geben; oder auch Sardellensalat, Spanferkel und Schnepfen; oder Lachs, Lammsbraten und Kapaun; oder Karpfen, Beefsteak und Auerhahn; oder Forellen, Kalbsbraten und Finken, Lerchen oder wilde Tauben dazu. Für andere Gelegenheiten reicht Häringssalat und Schinken mit darauf folgendem Gansbraten hin. Alles natürlich mit seinen vegetabilischen Gegensätzen."

Natürlich hat man bei Hof, in der Diplomatie, beim Adel und auch im Bürgertum bei Galadiners oder sonst festlichen Gelegenheiten auch internationale Delikatessen, wie Trüffeln und Austern, Hummer und Kaviar auf die Speisekarte gesetzt, aber das ist ja in der ganzen Welt gleich und deshalb hier uninteressant. Die speziell einheimischen, gepflegten und aus der Tradition gewachsenen Speisen sind das Wesentliche der typisch bayrischen Küche; sie sollen hier nicht von irgendwelchen Genüssen, die nur deshalb etwas gelten, weil sie teuer sind, übertrumpft werden.

Interessant ist andererseits die Tatsache, daß schon sehr früh vielerlei Gewürze, darunter sogar manche, die heute wieder vergessen sind, verwendet wurden. Man hat viele von ihnen Jahrhunderte hindurch von Rezept zu Rezept weitergeschleppt und auch das letzte Säculum war nicht frei von einer gewissen Überwürzung, was nicht zuletzt auch auf die mangelhaften Konservierungsmöglichkeiten zurückzuführen war. Bis zum Kühlschrank und zur Tiefkühltruhe hat man ja den sogenannten Hautgout, den angehenden Verderbnisgeruch, als eine begehrenswerte Besonderheit hingestellt. Wir verzichten heutzutage aber gerne darauf und brauchen infolgedessen auch keine übertönende Würzung.

Erst jetzt beginnt allmählich das alte Wissen von feinen, fast vergessenen Gewürzen wieder aufzuleben. Dazu gehört auch das Ausgraben ganz besonders origineller Kochgewohnheiten von einst. So hat man beispielsweise das Kochwasser von Kalbsköpfen, Zunge und Schweinsohren mit Heublumen aromatisiert oder an süße Speisen gemahlenen Kümmel, an eine Schokoladesoße Muskat, an heißen Wein Koriander, in Geflügelsuppen etwas Ingwer, an helle Butterschwitzen eine Prise Safran gegeben — Dinge, die neuerdings wieder als dernier cri gelten.

Künstliche oder kombinierte Würzen, mit Ausnahme von fertigem Pastetengewürz und gelegentlich aus England eingeführtem Curry, waren noch unbekannt. Man schätzte aber Rosenwasser und selbstausgedrücktes Mandelöl und verwendete echte Vanilleschoten zum Backen. Als natürliche Treibmittel hatte man Eier, Arrak, Rum und Schnaps. Warum sollte man altes Wissen nicht auch heute noch nutzen?

Wildgeflügel

Schon seit den herzoglich-bayrischen Zeiten war die Vogeljagd ein gesellschaftliches Vergnügen des Hofes von besonderer Art. Neben den vielen Fasanen und Reb-hendln in freier Wildbahn, vor allem im niederbayrischen Getreideland, gab es in Münchens Nähe die reichbesetzten Fasanerien in Hartmannshofen, Moosach und Schleißheim, die genug Beute lieferten. Kein Wunder also, daß neben den im Herbst durchziehenden Schnepfen und Wachteln vielerlei Gevögel auf die königliche Tafel kam. Auch Birk- und Auerhahn, Wildtauben, Wildgänse und Schwäne gehörten natürlich dazu und wurden bei besonderen Gelegenheiten prunkvoll serviert.

Die Köche in den großen Gewölben der Hofküche wie auch die Herrschaftskocherln der gehobenen Stände verstanden es, das fliegende Getier vielseitig und delikat zuzubereiten, wobei auf immer wieder neue Würzarten, auf precieuse Soßen und Füllungen selbstverständlich nicht vergessen wurde, denn derartige Erfindungen spielten eine weit größere und auch viel mehr beachtete Rolle als heutzutage, wo das Industrie-Erzeugnis nur allzu oft an ihre Stelle getreten ist.

Faſan nach böhmiſcher Art

Böhmische Rezepte wurden nicht nur bei Hof, sondern durch böhmische Köchinnen und infolge der Verwandtschaft mit österreichisch-böhmischen Familien auch im Bürgerhaus gerne zubereitet. Auf der Menükarte „de Son Altesse Royale le Prince Charles de Bavière", einem Sohn von König Ludwig I., ist am 21. Januar 1858 ein „Faisan de Bohème" genannt. Siehe Seite 29.

Ein zarter, junger Fasan wird wie üblich vorbereitet und mit einer Semmelfülle versehen. In diese gibt man reichlich geriebene Zitronenschale, etwas Thymian, 2 Eßlöffel geriebene Mandeln und das feingehackte Herzchen samt Magen und Leber des Vogels. Dann brät man den zugesteckten Fasan unter häufigem Begießen goldbraun und legt ihn auf einen Sockel aus gerösteten, dicken Weißbrotscheiben. Man garniert ihn mit einem Spieß, der mit Rosenkohl, einem Zitronenschnitz und einer Weinbrandkirsche bunt besteckt ist. Außenherum legt man Orangenscheiben, Weinbrandkirschen, gekochten Reis, Rosenkohl und in Butter geschmorte Zwiebelringe. Die Soße, die man mit etwas Portwein verfeinert, serviert man gesondert.

König Ludwig II. im übrigen pflegte zum Fasan Johannisbeer-Gelee zu essen, das deshalb stets in Begleitung des Wildvogels auf der königlichen Tafel als „Gelée de groseilles" auftauchte.

Piſtazienſulz über einen Faſan
Originalrezept

Nimm $1/2$ Pfund Zucker, läutere denselben und stoß 1 oder 2 Handvoll Pistazien ziemlich klein, daß sie schön grün werden, laß sie in Zucker sieden, druck Limoniensaft darein, treib dieß durch eine Seihe, dann nimm geschnittene Pistazien, wirf sie darein, und gieß's über den Fasan.

Das ist ein noch aus dem Mittelalter stammendes Rezept, aber im Grunde auch nichts anderes als Preiselbeeren zu Schnitzel und Ananas zu Schinken, also Fleisch mit süßem Beiwerk. Jedenfalls ist es interessant in seiner Kochtechnik.

Aus „Altadeliges Bayer'sches Koch- und Konfektbuch", München 1837

148

Fasan auf Sauerkraut

Der Fasan wird nach Belieben gespickt oder noch besser in ein dickes Speckhemd gehüllt und bei guter Hitze je nach seinem Alter $3/4$—$1^1/4$ Stunden gebraten. Zuletzt wird er aus dem Speckhemd genommen und nachgebräunt. Man zerlegt ihn in gefällige Stücke und gibt diese auf zartgekochtes Sauerkraut, das mit Zucker, Zitronensaft und nach Belieben auch noch mit Ananassaft gewürzt wird. Außenherum setzt man den in Streifen geschnittenen, aufgerollten Speck und gekochte, in Butter glasierte Kastanien. Dazu passen Grießknödel.

Fasanen-Croutons

Reste von gebratenem, kaltem Fasan schneidet man in dünne, möglichst gleichgroße Blättchen. Die Knochen werden fein zerschlagen und in heißem Fett stark angebraten. Man gießt mit etwas Fleischbrühe und 1 Glas Madeira auf, kocht die Soße gut durch und dickt sie dann mit ganz wenig brauner Schwitze oder noch besser mit $1/2$ Soßenwürfel ein. Sie wird noch mit Zitronensaft und Salz, etwas Pfeffer oder frischem, grünem Pfeffer, einer Spur Zucker und nach Belieben mit etwas Ingwer nachgewürzt. Man gibt das Fleisch hinein, läßt es kurz heiß werden und gießt diese dickliche Farce über geröstete Weißbrotscheiben. Zuletzt garniert man noch mit einigen Champignonköpfen oder — falls vorhanden — mit einem Stückchen geschmorter Gansleber.

Mousse von Fasan

Von 2 wie üblich vorbereiteten rohen Fasanen löst man das Fleisch sorgfältig von den Knochen und röstet das Gerippe mit genügend Fett bei starker Hitze goldbraun. Man gießt mit etwas Fleischbrühe oder Wasser auf und kocht die Brühe ziemlich ein, so daß eine Art Essenz entsteht. Das Fasanenfleisch wird nun zweimal durch die feine Fleischscheibe des Wolfs gedreht und dann mit 3—4 Eßlöffeln Madeira, 2—3 Eiweiß, 6—8 sehr feingeschnittenen Champignons (oder Trüffeln) und der Knochen-Essenz gut durchgerührt. Unter diese Masse gibt man $1/4$ Liter steifgeschlagenen Rahm und würzt mit Salz, Pfeffer und ganz wenig Thymian, einer Spur Ingwer, einer guten Messerspitze Pastetengewürz und ein wenig Selleriesalz. Zuletzt gibt man noch 1—2 Eßlöffel Weinbrand hinzu und füllt die Masse in eine gut gefettete, feuerfeste Bomben- oder Puddingform. Darin wird sie 1 Stunde im Wasserbad gekocht, ohne daß aber das Wasser kräftig wallt, sondern nur leise zieht, sonst bekommt der

Mousse Löcher und wird grobfaserig. Man stürzt die Masse auf eine heiße Platte und umgibt sie mit in Butter geschmorten Champignons. Das ist ein besonders feines Jagdessen oder auch ein elegantes Zwischengericht im Rahmen eines festlichen Menüs. Jedenfalls hat man es bei Hof gerne so eingesetzt.

Rebhühner in Wacholdersoße

2—3 junge Rebhühner werden wie üblich vorbereitet. Man wickelt sie in Speck und brät sie 20—25 Minuten, wickelt sie aus und bräunt sie noch kurz. In die Soße gibt man $1/2$ sehr fein gehackte Zwiebel, ganz wenig Knoblauchpulver, 8—10 gewiegte oder gemixte Wacholderbeeren und 1 Eßlöffel geriebene Schwarzbrotrinde oder trockenen, zerstoßenen Pumpernickel. Man gießt mit etwas Weißwein auf und gibt in die Soße noch einen guten Schuß Wacholderschnaps (Gin). Die Rebhühner werden halbiert oder geviertelt und auf Sauerkraut angerichtet. Die Soße reicht man gesondert; sie kann noch mit einem Stückchen Butter verfeinert werden und braucht notfalls noch ein wenig Zucker.

Rebhuhn-Makkaroni-Pastete

Für 2—3 Rebhühner, es können auch ältere oder zerschossene sein, kocht man 400—500 g Makkaroni in der ganzen Länge in einem entsprechend großen Topf in reichlich Salzwasser etwa 10 Minuten und siebt sie dann ab. Mit diesen Makkaroni legt man eine glattrunde, möglichst schmale und hohe Form oder Schüssel so aus, daß sie ganz davon bedeckt ist. Darauf gibt man kleine, sehr weich gekochte Scheiben von einer Räucherzunge und füllt nun eine gut abgeschmeckte Farce aus den gebratenen oder sehr zart gekochten Rebhühnern hinein. Dazu wird das Fleisch sorgfältig von den Knochen gelöst und mit Speck oder, wenn man die Masse nicht so fett haben möchte, knapp mit der Hälfte durchgedrehtem Schweinefleisch, Salz, Pfeffer, blättrig geschnittenen und mit Butter geschmorten Champignons, kleinen, in Stückchen geschnittenen Makkaroniresten, einem dicklich gekochten, halben Soßenwürfel, etwas Madeira oder kräftigem Rotwein vermengt. Die Farce muß dicklich sein; sie wird notfalls noch mit 1—2 Eidottern gebunden.

Die eingefüllte Masse wird oben schön geglättet. Dann kocht man die Form, wenn sie keinen Deckel hat, mit Cellophan sorgfältig zugebunden, im Wasserbad etwa $1^{1}/_{2}$ Stunden gar und stürzt sie auf eine heiße Platte. Sie sieht aus wie ein Bienenkorb und wird außenherum mit grünen Bohnen oder mit Champignons oder Petersilie reich umgeben. Man reicht eine pikante Soße oder beliebiges Feingemüse dazu.

Rebhendl nach Prinz Karl

Prinz Karl war der jüngere Bruder von König Ludwig I. Nach ihm ist das schöne Prinz Karl-Palais am Beginn der Prinzregentenstraße in München benannt

3—4 junge Rebhühner werden sauber geputzt, mit Salz und Pfeffer eingerieben und in Speck eingewickelt, wobei man die Flügel und die gestutzten Ständer gut andrückt. Nun dämpft man 250—300 g Steinpilze oder Champignons, die kleingeschnitten wurden, in reichlich Butter an, gibt die zerkleinerten Rebhuhnlebern, die gekochten und gehackten Herzen, zwei eingeweichte und ausgedrückte Semmeln, 2 Eßlöffel feingeriebene Mandeln, 2—3 Eier, etwas feingeriebene Zwiebel und Knoblauchpulver, gehackte Petersilie, ein wenig geriebene Zitronenschale sowie Salz und Pfeffer dazu. Damit füllt man die Rebhühner und steckt sie zu. Aus einem Rest der Fülle bereitet man kleine Nockerl, die in Salzwasser gekocht werden. Die Rebhühner brät man bei guter Hitze 20—25 Minuten, so daß sie innen noch zartrosa sind. Die Fülle wird beim Halbieren der Rebhühner herausgenommen, in Scheiben geschnitten und mit den Nockerln um die angerichteten Rebhühnchen gelegt. Die Soße wird mit Cognac abgeschmeckt. Als Beilage reicht man Spargel dazu.

Rebhühner mit Polenta

Polenta bekommt man in Packungen und da sie schon aufgeschlossen ist, dauert die Kochzeit im Gegensatz zu frischer Polenta nur 5—10 Minuten. Man kocht sie nach Vorschrift. Sie wird ausgegossen und nach dem Erkalten in Scheiben geschnitten. Diese werden bei Gebrauch in Butter geröstet und als Unterlage für gebratene Rebhühner verwendet. Für die Soße schneidet man zuletzt den Einwickelspeck in kleine Würfel, gibt die Lebern und die gekochten Herzen und Magen der Rebhühner dazu und schmeckt sie mit etwas Rahm und Rotwein sowie aufgeschnittenen und in Butter gedämpften Champignons oder Steinpilzen und einem Schuß Cognac herzhaft ab. Sie wird über die auf den Polentaschnitten angerichteten halben Rebhendeln gegossen.

Eingebackene Rebhendel

2—4 Rebhühner, es können auch ältere sein, werden mit Salz und Pfeffer eingerieben und in einem kleinen Sud aus wenig Salzwasser, Rotwein und Suppengrün halbweich gedämpft. Man nimmt sie heraus, halbiert sie und entfernt dabei möglichst viele Knochen. Je zwei Rebhuhnhälften werden zusammengedrückt, nach Belieben auch mit einer Semmelfülle versehen und in Speck ge-

wickelt. Dann hüllt man sie in Schwarz-
brotteig, wie man ihn beim Bäcker kaufen kann, macht den Teig außen gut naß
und brät die Rebhühner jetzt bei guter
Hitze 60—80 Minuten gar. Sie werden

halbiert und mit der Brotkruste nach
oben auf eine große Platte gegeben und
mit gut süßsauer gekochtem Blaukraut
oder Sauerkraut zu Tisch gebracht. Man
kann auch eine Salatplatte dazu geben.

Rebhühner in Linsen

Dazu kann man auch ältere Rebhühner
verwenden. Sie werden zuerst in Salzwasser mit Suppengrün nahezu weichgekocht. Dann nimmt man sie heraus,
tropft sie ab, wickelt sie in Speck und
brät sie wie üblich gar. In der Zwischenzeit kocht man in der Brühe 250 g Linsen, bereitet eine kleine, gelbe Schwitze,

gibt die kleintranschierten Rebhühner,
den Einwickelspeck, die Linsen, etwas
Senf, eine Spur Zucker, 1 Glas Madeira,
1—2 Eßlöffel dicken, sauren Rahm,
reichlich Petersilie, eine Prise Thymian
und geriebene Zitronenschale dazu. Das
Ragout wird in einem Reisring oder in
gespritztem Kartoffelbrei angerichtet.

Rebhühner mit Champignons

2—3 junge, zarte Rebhühner werden wie
üblich vorbereitet und mit Salz, Pfeffer
und ganz wenig Muskat oder Paprika
eingerieben und in genügend Butter
goldbraun gebraten. Man zerlegt sie in
gefällige Stücke und löst dabei möglichst
viele Knochen aus. Gleichzeitig schmort
man etwa 200 g frische Champignons

mit ganz wenig gehackter Zwiebel und
zerdrücktem Knoblauch in Butter durch
und gießt sie über die angerichteten
Hühner. Die Rebhuhnsoße wird gesondert gereicht. Man kann sie mit etwas
Rotwein und Preiselbeersaft, einem
Stückchen Butter oder feinem Schinken-
julienne verfeinern.

Netzkroketten aus Wildgeflügel

Dazu kann man einen zerschossenen
Fasan, 1—2 Rebhühner oder dergleichen
verwenden. Das Fleisch des frischgebra-
tenen Vogels wird durchgedreht und mit
etwas gerührter Butter oder durchgedrehtem Frischspeck, 2—3 Eiern, ein
wenig eingedickter Bratensoße, Salz,
Pfeffer, Muskat und Suppenwürze vermengt. Nach Belieben kann man noch

mit feingehackter Petersilie und Zitronenschale nachwürzen. Von dieser halbfesten Masse werden je 2 Eßlöffel voll
auf handtellergroße Stücke von einem
Schweinenetz gegeben. Man schlägt die
Enden in der Mitte darüber zusammen
und drückt gleichgroße, flache Scheiben
daraus. Sie werden doppelseitig auf der
Pfanne, am besten in Butter, gebacken.

Die Alt-Münchner Gaststätte „Zum grünen Baum" war als Treffpunkt weit und breit berühmt. Größen, wie Schwanthaler, Kaulbach, Moritz v. Schwind, Spitzweg und andere gehörten zu den Stammgästen. Auch der sich so bürgerlich gehabende König Ludwig I. verschmähte die bescheidene Wirtschaft nicht. — Mit dem Abbruch 1886 ist ein Teil des Alten München verschwunden.

Lithographie von Jungwirth nach dem Gemälde von J. Stephan.

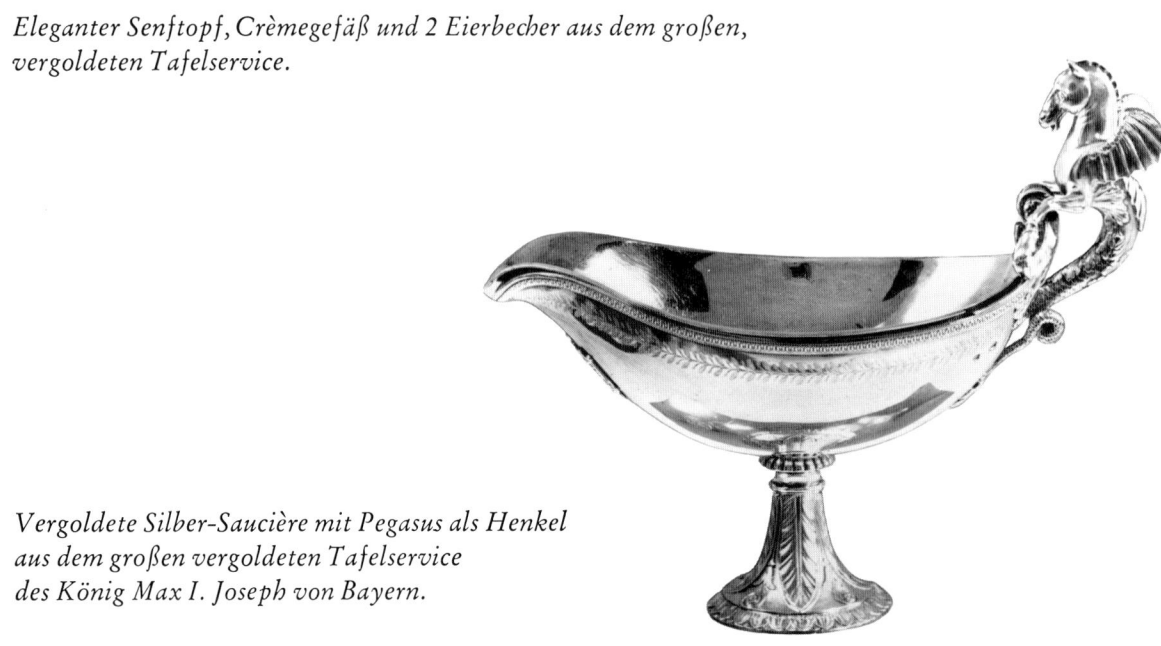

Eleganter Senftopf, Crèmegefäß und 2 Eierbecher aus dem großen,
vergoldeten Tafelservice.

Vergoldete Silber-Saucière mit Pegasus als Henkel
aus dem großen vergoldeten Tafelservice
des König Max I. Joseph von Bayern.

Krammetsvögel (Reckolderdrosseln)

sind rar geworden, waren aber einst eine beliebte Beute der herbstlichen Jagd. Sie schmecken besonders gut, weil sie sich von Ebereschen und Wacholderbeeren ernähren. Deshalb heißen sie auch Wacholder — (Reckolder) — Drosseln. Man hat die heute geschützten Vögel besonders delikat zuzubereiten gewußt, etwa Brüstchen in Trüffelfarce oder mit Trüffeln und Gansleber gefüllt oder als Pastete, am Spieß gebraten oder ganz fein als Mousse.

Krammetsvögel auf Croutons

Je Person 1—2 vorbereitete Krammetsvögel werden am Kniegelenk von ihren Füßen befreit und, ohne Köpfe, genügend weit geöffnet. Man bereitet aus Schweinsbrat, den gehackten Lebern, Herzen, Magen und noch etwas Kalbsleber sowie 1—2 Eßlöffeln gerösteten, feingeriebenen Haselnüssen, Trüffelessenz, Pastetengewürz und etlichen Trüffeln, Salz und geriebener Zitronenschale, Kräutchen und 1—2 Eiern eine kräftig schmeckende Fülle, die noch mit Madeira und Fleischextrakt gewürzt wird.

Sie wird in die Vögel verteilt; man steckt sie gut zu und umhüllt jeden seitlich mit einem mehrfach gefalteten Stück Folie, damit sie Form behalten. Dann legt man die gesalzenen und gepfefferten Drosseln dicht nebeneinander auf Speckscheiben in eine feuerfeste Form und brät sie bei nicht zu großer Hitze im Rohr. Die Vögel werden hierauf ausgewickelt, halbiert und auf geröstete Weißbrotscheiben gelegt. Man gießt braune Butter darüber und streut Petersilie auf.

Schnepfen-Pain

5—6 Schnepfen (es können auch zerschossene sein) werden mit Salz und Pfeffer eingerieben und zart rosig gebraten. Man läßt sie erkalten und schneidet das Fleisch in Würfelchen oder Streifchen. Dann bereitet man aus den Innereien, mit Ausnahme des Magens, den „Schnepfendreck" und gießt mit Fleischbrühe und einer Brühe aus den angerösteten und ausgekochten Schnepfenknochen leicht auf. Man bindet diese Masse mit einer kleinen braunen Schwitze, die mit etwas Rotwein oder Madeira aufgegossen wird. Daran gibt man 5 Eidotter, Salz, etwas Zitronensaft, Suppenwürze und feingehackte Petersilie. Zuletzt hebt man den steifen Eischnee darunter, füllt die Masse in eine gebutterte Form, stellt diese ins Wasserbad und kocht 45—50 Minuten. Das Pain wird hierauf gestürzt; es kann heiß oder kalt aufgetragen werden. Man reicht Cumberland- oder eine Wacholder-Rahmsoße dazu.

Der Rumford-Herd

Im Zusammenhang mit der königlich-bayrischen Aera der Kochkunst ist es interessant, daß ausgerechnet in München durch die Förderung eines Wittelsbacher Fürsten der erste geschlossene Herd und auch das Backrohr samt Wasserschiff entwickelt wurden.

Im Jahr 1784 trat der gebürtige Amerikaner Benjamin Thomson (1753–1814) als Offizier und Militär-Ingenieur in bayrische Dienste, um die Armee zu reorganisieren. Infolge seiner Tüchtigkeit avancierte er rasch zum Staatsrat und Kriegsminister. Durch seine vielseitigen Erfindungen und seine gesundheitlich bedeutsamen Vorschläge wurde er in der Tat ein großer Menschenfreund. Seiner Verdienste halber wurde er als Graf Rumford in den Adelsstand erhoben. Er hat sich vor allem auch der bedürftigen Bevölkerungsteile angenommen, die damals arbeitslos und ohne öffentliche Hilfe dem blanken Elend ausgesetzt waren. Für sie entwickelte er die nahrhafte und insbesondere für weiteste Kreise erschwingliche Rumford-Suppe, die nach wissenschaftlichen Erkenntnissen und den wirtschaftlichen Möglichkeiten der Zeit zusammengesetzt war. Es handelte sich um einen Brei aus verschiedenen Getreide- und Gemüsesorten, der späterhin als Suppenkonserve weltweite Bedeutung gewann und eine eigene Industrie einleitete.

Rumford hat sich auch mit Erfolg für die Einführung der Kartoffel in Bayern eingesetzt. Nicht zuletzt auf Grund seiner Bemühungen erscheinen allmählich auch in den bayrischen Kochbüchern zu Beginn des verflossenen Jahrhunderts erstmals Kartoffelrezepte. Neben seinen volkswirtschaftlich wichtigen Anregungen schuf er auch die Grundlagen für den Englischen Garten in München und baute wichtige militärische Anlagen.

Weil ihn die weitverbreitete Armut im Land bewegte, entwickelte Rumford auch einen Kochherd, der weniger Holz benötigte und zugleich die Stuben besser wärmte. Nach Jahrhunderten, ja nach Jahrtausenden erdachte sein ingeniöser Geist eine Kochstelle, bei der die Flamme verdeckt und daher umweltfreundlicher wie auch rationeller wurde. Die erste eiserne Herdplatte, zu Anfang des 19. Jahrhunderts für den Haushalt des kleinen Mannes gebaut, ist entwicklungsgeschichtlich eine Sensation. Sie wurde aber ausgerechnet in Bayern, ganz der Art seiner Bevölkerung entsprechend, sozusagen mit Gemütsruhe aufgenommen. Nur langsam fand der neuartige Herd allgemeinen Eingang und die offene Herdstelle verschwand immer mehr. Rumford selbst hat dies nicht mehr erlebt; er starb 1814 in Frankreich, von Bayern damals nicht genügend gewürdigt und belohnt. Sein Herd, erstmals mit einem von ihm konstruierten Backrohr und mit einem so bequemen Wassergrand ausgestattet, hätte mehr Dankbarkeit verdient! Von da an konnten die Hausfrauen auch ohne Schwierigkeiten backen. Mußten sie bisher in geschlossenen, sogenannten Tortenpfannen mit Füßen mit angehäufter Glut unten und auf dem Deckel und mit höchst ungewissem Ausgang backen, weil ja die Hitze sehr ungleichmäßig und auch schwer regulierbar war, so wurde es jetzt möglich, den offenen Teig in indirekter, rauch- und rußloser und einstellbarer Hitze zu backen. Nebenbei wurde heißes Wasser gewonnen, alles damals neue Vorteile, von deren Bedeutung wir uns heute keinen rechten Begriff mehr machen können.

Rumford, noch unmittelbar vor der königlichen Periode Bayerns wirkend, hat ihrer Küche so großen Aufschwung gegeben, daß man seiner auch in einem Bericht über die „Königlich Bayrische Küche" nicht vergessen darf.

Klerikale Culinaria

Schon Aventinus, der Abensberger Gelehrte und erste bayrische Geschichtsforscher, hat den frommen Sinn seiner Landsleute beschrieben. Sogar beim Essen, nicht nur vorher und nachher beim Tischgebet oder bei den diversen Fastenspeisen hat sich dieser ausgeprägt, sondern auch bei der Wahl und Betitelung einzelner Gerichte.

Das hatte mehrere Gründe. Zunächst stammten viele Speisen aus Klosterküchen, denn die Nonnen und Mönche waren ja früh schon um die Pflege guter Ernährung bemüht. Überdies mußte in alten Zeiten alles, was gut war, an die Herrschaft abgeliefert werden. Nicht zuletzt benannte man auch besonders feine Gerichte nach geistlichen Herren, weil man wußte, wie gerne sie gut speisten. Und so gab man diesen Kochrezepten mit dem Namen eine Art Expertise mit. Anfangs handelte es sich dabei nur um Kuchen oder Mehlspeisen, denn man versüßte sich ja das häufige und deshalb bitter gewordene Fasten. So kennen wir nun auch eine ganze Reihe von geistlichen Speisen mit netten Namen, wie etwa

Ursulinen-Brezeln

Bei diesem Gebäck handelte es sich sicher um eine Ostergabe, welche die Ursulinerinnen an Kinder oder alte Leute verteilt haben. Sie sind eine urtümliche bayrische Spezialität, die besonders zur Fastenzeit gepflegt wurde.

250 g Mehl, 50 g Butter, 4 Eßlöffel Weißwein, 70 g Zucker, 1 Ei, 1 Eidotter und etwas Salz verknetet man zu einem Mürb- oder Bröselteig. Nach Belieben kann man ihn noch mit etwas Kardamom oder Ingwerpulver würzen. Nach $^1/_2$ Stunde Ruhezeit schneidet man kleine, gleichmäßige Stückchen vom Teig, rollt sie dünn aus und legt Brezeln davon, die mit Ei bestrichen und goldbraun gebacken werden. Man kann sie auch mit einem Guß überziehen.

Karthäuser-Klöße

Altbackene Semmeln werden in vier Keile geschnitten; früher hat man sie „vornehmerweise" abgerindelt. Dann verquirlt man etwa $^1/_2$ Liter Milch mit 3—4 Eiern, 1—2 Eßlöffel Zucker, Zimt und feingeriebener (ungespritzter) Zitronenschale. Darin weicht man die Semmelschnitze ein, nimmt sie heraus, tropft sie gut ab und paniert sie jetzt vorsichtig mit Ei und Bröseln und bäckt sie in heißer Butter oder schwimmend in Schmalz goldgelb. Dazu gibt man ein Wein-Chaudeau oder heißgemachten und mit Zimt, Zucker und Nelken gewürzten Rotwein. Er kann auch gleich über die Klöße gegossen werden.

Prälaten-Torte

140 g Butter und 4 Eidotter werden mit 140 g Zucker, 1 Vanillinzucker sowie einer Prise Muskatnuß und Salz schaumig gerührt. Man gibt 70 g geriebene Schokolade, 70 g geriebene Mandeln, 100 g Mehl, 2 Kaffeelöffel Backpulver, 3 Eßlöffel Milch und zuletzt den steifen Eischnee unter die zarte Masse. Der Teig wird in einer mittelgroßen, gefetteten Form langsam ausgebacken und nach dem Erkalten mit einem Guß aus 100 g Schokolade und 100 g Butter, die im Wasserbad geschmolzen wurden, überzogen. Man garniert die Torte außenherum mit einem Kranz von geschälten und halbierten Mandeln und reicht Schlagrahm dazu, der mit Vanillinzucker und Rum würzig abgeschmeckt wurde.

Sicherlich haben Nonnen diese Torte zuerst gebacken, um ihren hohen Besuch zu erfreuen.

Kapuziner-Kuchen

Er sieht so arm, so nach grobem Schwarzbrot aus, ist aber in Wirklichkeit eine recht erfreuliche Angelegenheit.

80—100 g Butter, 3 ganze Eier und 170 g Zucker werden schaumig gerührt. Daran gibt man 125 g geriebene Schokolade, 140 g Semmelbrösel, 140 g mit 2 Kaffeelöffeln Backpulver vermischtes und gesiebtes Mehl, etwas Zimt und geriebene Zitronenschale und eine Prise Salz. Der Teig wird mit 6—8 Eßlöffeln Rahm geschmeidig gemacht, gut durchgearbeitet und dann in einer schmalen Kastenform bei Mittelhitze etwa 40 Minuten gebacken. Der fertige Kuchen wird gestürzt und mit einem aus 100 g gesiebtem Puderzucker, 1 Eßlöffel Zitronensaft und 1 Kaffeelöffel erwärmtem Kokosfett gerührten Guß überzogen und mit Schokoladestreuseln und Glasurtupfen verziert. Man kann ihn auch mit geschmolzener Schokolade übergießen.

Kloster-Kuchen

150 g Butter, 125 Zucker, 1 Teelöffel Zimt und 1 Ei werden gut gerührt. Darunter gibt man 125 g geschälte und geriebene Mandeln, 300 g Mehl, 1 Kaffeelöffel Backpulver und 2—3 Eßlöffel Milch. Der gut verknetete Teig wird zu zwei Dritteln in eine gefettete Springform gelegt, wobei man einen Rand andrückt. Darauf gibt man 250 g Preiselbeer- oder Orangenmarmelade, auch Sauerkirsch- oder Stachelbeermarmelade und deckt mit einem Deckel aus dem Teigrest zu. Der Kuchen wird mit Eidotter bestrichen und 40—50 Minuten bei Mittelhitze gebacken. Zuletzt überzuckert man ihn.

Originalrezept aus Schloß Oberzwieselau
im Bayrischen Wald

Jesuitenkücheln

Originalrezept

Man nimmt auf ein Gazel voll Milch 2 Eidotter, warmen süßen Milchrahm, salzt sie, macht sie mit Mehl so an, ein wenig weich, wie einen geschnittenen Nudelteig, zieht sie recht gut ab, welget schöne, große, dünne Blätter ab, wie man's gerne haben will, und backt sie in einer großen, weiten Pfanne.

Aus „Altadeliges Bayer'sches Koch- und Konfektbuch", München 1837

Apostelhut

Es gab ihn bei Hof sinnigerweise am Fronleichnamstag 1907

Zuerst werden 35 g Hefe mit wenig lauwarmer Milch angesetzt. Daran gibt man 500 g gutes Mehl, eine Prise Salz, 30 g weiche Butter, 120 g Zucker, Vanillinzucker und 3 Eier. Milch oder eine sonstige Flüssigkeit ist nicht mehr nötig, denn der etwas feste Teig wird durch sehr gutes Durchkneten zart und zuletzt noch mit einer Tasse Rosinen vermengt. Er muß nun wenigstens 4—5 Stunden ruhen. Dann teilt man ein faustgroßes Stück davon ab und bereitet aus dem größeren Teil einen runden Laib, der in der Mitte eine Vertiefung und außenherum schräge Einschnitte bekommt. In die Mitte setzt man das kleine Laibchen und bepinselt hierauf den Kuchen mit Eidotter. Man läßt ihn bei mäßiger Wärme nochmals 4—5 Stunden gehen und bäckt ihn bei Mittelhitze langsam aus. Durch das langsame Gehen wird die Porung besonders fein und der Kuchen sehr mürb, obwohl er so wenig Fett enthält. Er wird rings um den Kern in Scheiben geschnitten; erst zuletzt wird die Mitte mit der kleinen Krone verspeist. Dieser originelle und feine Kuchen, der sich viele Tage hindurch frisch hält, ist zutatensparsam und macht Spaß!

Eine verfeinerte Art dieser Mehlspeise ist ein

Ertränkter Kapuziner

Diese Mehlspeise wurde auch in Schloß Wildenwarth im Chiemgau für den Prinzen Ludwig am 7. November 1883 zubereitet

Reibe von der Semel die Rinde ab, schneide länglichte Schnitten, weiche sie in Milch ein wenig ein, kehre sie dan in abgeschlagenen Eiern um, und backt sie in Schmalz, spicke sie dan mit Mandeln, richte sie in einen Tiegel mit Zimt, Zitronenschaalen und Rosinen, gieße Wein darüber und bestreut sie mit Zukker, laße es aufkochen, dann servirt man sie auf einer Platte, nachdem man außenherum Rosinen gerichtet hat.

Originalrezept der Maria Schötz, Schloßköchin in Buchenau 1862

Gespickte Pfaffenschnitzel

Das beste vom Geflügel, ob groß oder klein, ob zahm oder wild, ist die zarte Brust. Sie heißt in Bayern deshalb Pfaffenschnitzel. Etwas ganz besonderes sind abgelöste Brüste von Fasan oder Kapaun, Perlhuhn oder Indian. Sie werden roh ausgelöst, gehäutet und gespickt, dann mit Salz und Pfeffer bestreut und in Butter gebraten. Man gibt frische Champignons oder Steinpilze, Krebsschwänzel oder etwas Gänseleber dazu und gießt mit wenig Rahm und Wein auf. Zuletzt streut man Petersilie oder etwas Estragon darüber.

Kalter Kardinal

1 Flasche Weißwein gibt man in eine Terrine und schüttet ½ Tasse gekochte Zuckerlösung aus 1 Tasse Wasser und 1 Tasse Zucker darüber, fügt 3 samt (ungespritzter) Schale aufgeschnittene Orangen hinzu, deckt die Terrine ab und stellt sie 3—4 Stunden sehr kalt. Vor Gebrauch gießt man 1 Flasche Sekt dazu.

Originalrezept aus Schloß Oberzwieselau im Bayrischen Wald

Bischofs-Brot

4 Eidotter und 125 g Zucker werden mit dem Saft von ½ Zitrone recht schaumig gerührt. Man gibt 125 g Mehl, 125 g Rosinen, 125 g gestiftelte Mandeln, je 25 g Zitronat und Orangeat und den Schnee der Eier dazu. Die Masse wird noch mit 2 Vanillinzucker und etwas Mandelöl, ein wenig Muskat und 1 Likörglas Cognac abgeschmeckt und in einer langen, gut gefetteten Form langsam bei Mittelhitze goldbraun gebacken. Zuletzt überzuckert man den Kuchen.

Bayrische Rahmsulz auf religiöse Art

Was man sich unter einer „religiösen Art" bei einer Mehlspeise gedacht hat, ist ziemlich unklar. Wahrscheinlich war sie eine Freitagsspezialität. Jedenfalls hat Rottenhöfer sie unter insgesamt 38 Bayrischen Rahmsulzen, der schon Seite 194 beschriebenen Crème Bavaroise, gebracht. Sie soll nun auch hier vertreten sein.

100 g Schokolade löst man mit 2—3 Eßlöffeln Puderzucker und ³/₁₀ Liter Wasser sowie 7 g Gelatine im Wasserbad auf und läßt damit eine glatte, runde Schüssel oder Schale auslaufen, so daß sie dünn mit Schokolade bekleidet ist. Man stellt sie kalt und füllt sehr steifen Schlagrahm ein, der mit Gelatine oder einer modernen Schlaghilfe zubereitet wurde. Dann gibt man noch Vanillinzucker und 50 g zerbröselte Haselnußmakronen darunter. Nach Belieben kann man die Makronen auch in Nußlikör tauchen und Erdbeeren oder Himbeeren schichtweise zwischen den Schlagrahm geben. Die kaltgestellte Form wird zuletzt auf eine Platte gestürzt und mit Schlagrahm und Früchten garniert.

„Freymaurer zu machen"

Das war zwar ein antiklerikales Rezept, dessen Namensgebung Rätsel aufgibt; aber es gehört doch hierher, weil es so nett den engen Bezug zwischen Umwelt und Küchenherd beweist. Es ist eine Art „Mandelkracher", wie man sie heute noch bäckt. Vielleicht sollte das „Verbogene" daran ein Hinweis auf den Namen sein.

Das Rezept lautet:
4 große Eiweiß rührt man mit 70 g Zucker weiß und gibt 2 gehäufte Eßlöffel Mehl, eine Prise Salz, 1 Päckchen Vanillinzucker und etwas Kardamom oder Ingwerpulver dazu. Der zarte Teig, nötigenfalls mit noch etwas Mehl versehen, wird locker verknetet, ausgewellt und mit Eidotter bestrichen. Man streut Mandelstifte darauf, schneidet Streifen davon und bäckt sie im Rohr blond aus. Noch heiß löst man sie vom Blech und biegt sie über dem Walger zu Bogen.

Aus Anna Klara Messenbeck „Baier'sches Kochbuch" 1850

Mehlspeisen in Hülle und Fülle

haben in Bayern aus mehrfachen Gründen eine große Rolle gespielt. Da ist zunächst die ziemlich fleischarme Vergangenheit zu nennen, die durch die vielen Fastenzeiten sogar noch ein sittliches Gesicht bekam. Andererseits gab es, aus dem eigenen Land gewonnen, genügend Milch und Butter, Eier und Obst, so daß es nahe lag, diese guten Dinge sinnvoll und phantasiereich zu einer erfreulichen Kost zu verwandeln.

Und wo die Mehlspeise nicht Hauptgericht sein mußte, da war sie, in noch liebevollerer Art verfeinert, wenigstens Dessert und wurde sogar auf der großen Tafel hochgeschätzt.

Kirschenmichl

Der Herzog Max von Possenhofen liebte altbayrische Mehlspeisen ganz besonders und seine Tochter Sissy, die Kaiserin von Österreich, freute sich bei jedem Besuch im Elternhaus schon auf die altgewohnten Mehlspeisen aus ihrer Kindheit. Darunter war sicherlich auch dieser Kirschenmichl.

Man bereitet aus etwa 300 g Mehl, Milch, Salz, 1 Gläschen Kirschwasser und 3—4 Eidottern einen kräftig geschlagenen Pfannenkuchenteig, in den zuletzt noch der Eischnee gegeben wird. Die Hälfte davon gibt man in eine mit reichlich heißer Butter versehene Bratreine, so daß es zischt, wenn der Teig hineinkommt. In ihn streut man etwa 500 g entsteinte, leicht durchzuckerte Kirschen und gibt den Rest des Teiges darüber. Man streut noch ein wenig Zucker obenauf und bäckt den Kirschenmichl dann bei sehr guter Hitze aus. Mit dem Scherrer teilt man ihn in Einzelportionen ab und zuckert sie.

„Galätschen"

Hiermit sind Golatschen, eine feine böhmische Hefemehlspeise, gemeint. Die böhmische Küche und das böhmische Kocherl waren ja berühmt und so kam manches aus den großen Landgütern dieser gesegneten Gegend und aus den vornehmen Patrizierhäusern von Prag auch in die bayrischen Rezepthefte und Kochbücher.

Etwa 300 g Mehl verschlägt man mit 2—3 Eiern, 80 g weicher Butter, 20 g in etwas Milch und 1 Kaffeelöffel Zucker aufgelöster Hefe, 2 Eßlöffeln Zucker, 1 Vanillinzucker, Salz, ½ Tasse Rosinen und so viel Milch, daß ein halbdicker, aber noch zähflüssiger Teig entsteht. Davon setzt man nach dem Gehen mit einem Löffel Häufchen in eine Pfanne mit genug heißem Fett und läßt sie schön beiderseits goldbraun backen. Man gibt sie noch heiß mit Zwetschgenmus oder dem bekannten, böhmischen Bowidl zur Tafel.

Die nachstehende, an sich sehr einfache, aber originelle Mehlspeise mit der netten und auch so plastischen Bezeichnung

„Regenwürmer"

bekommt durch die Zugabe von saurem Rahm und Butterschmalz und die daraus resultierenden goldbraunen Ramerln ihren Adel. Sie wurde zum Beispiel am 20. Dezember 1883 von der Schloßköchin Josepha Klinker für Prinz Ludwig von Bayern, den späteren König, in Wildenwarth als Nachtisch zubereitet. Es gab sie

*Eine behäbig geformte Suppenschüssel mit Szenen aus der römischen Geschichte
und Mythologie ist ein klassisches Zeugnis des bayrischen Empire.*

So fein ging es am bayrischen Hof her,
wenn nichtbayrische Gäste bewirtet wurden.
Man war ja nicht nur auch wer, sondern
Herrscher des ältesten und bis dato mit seinen
alten Grenzen verbliebenen europäischen
Staatsgebildes. König Max I. Joseph hat dieses
vergoldete Tafelsilber dem großen Silberschatz
einverleibt und es auch gern benützt.

→

Saucière und kleine Terrine mit Untersatz aus einem Tafelservice mit Empiredekor.
König Max I. Joseph hat es angeschafft und gern benützt.
Es ist bewußt in weiß und blau mit viel königlichem Gold gehalten.

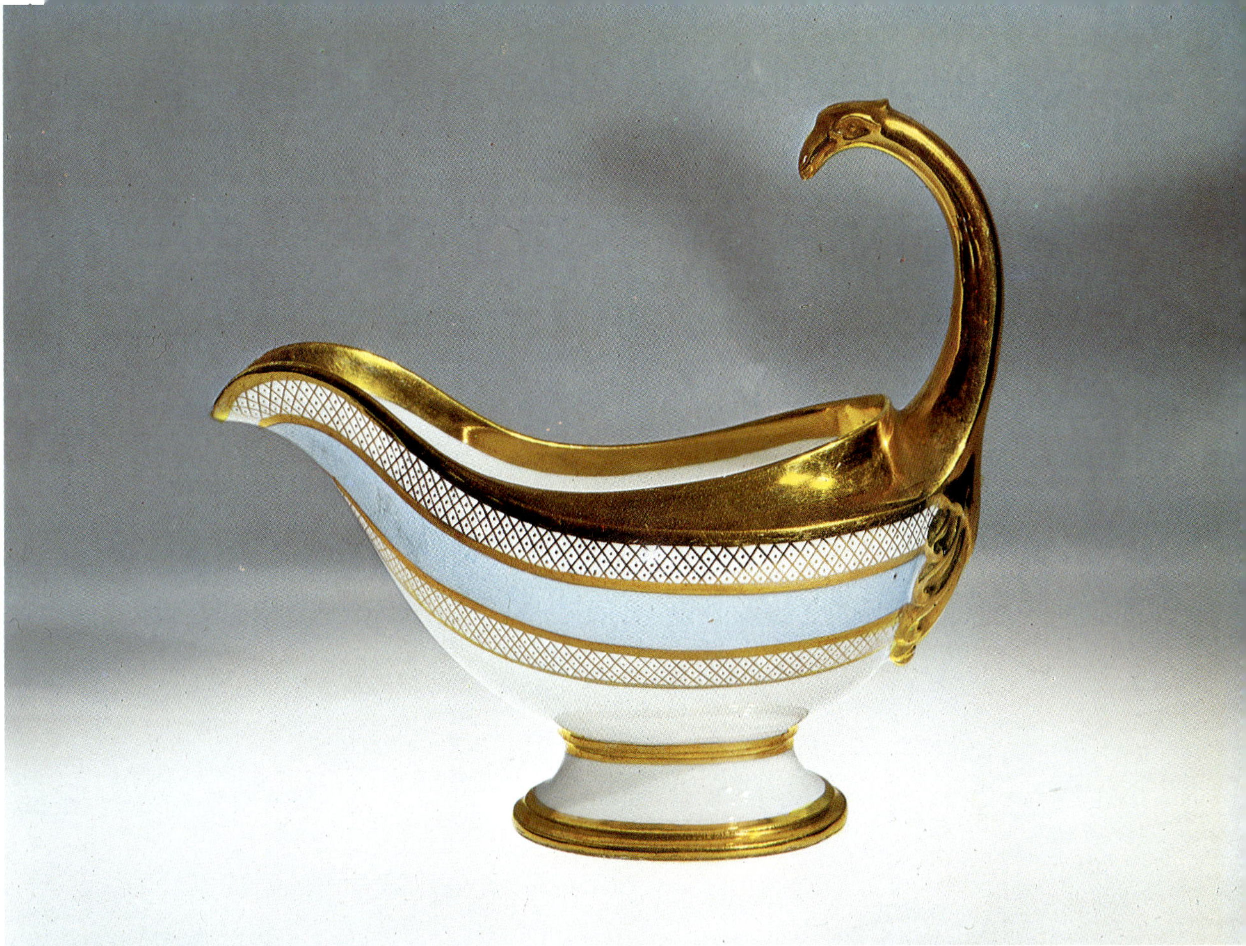

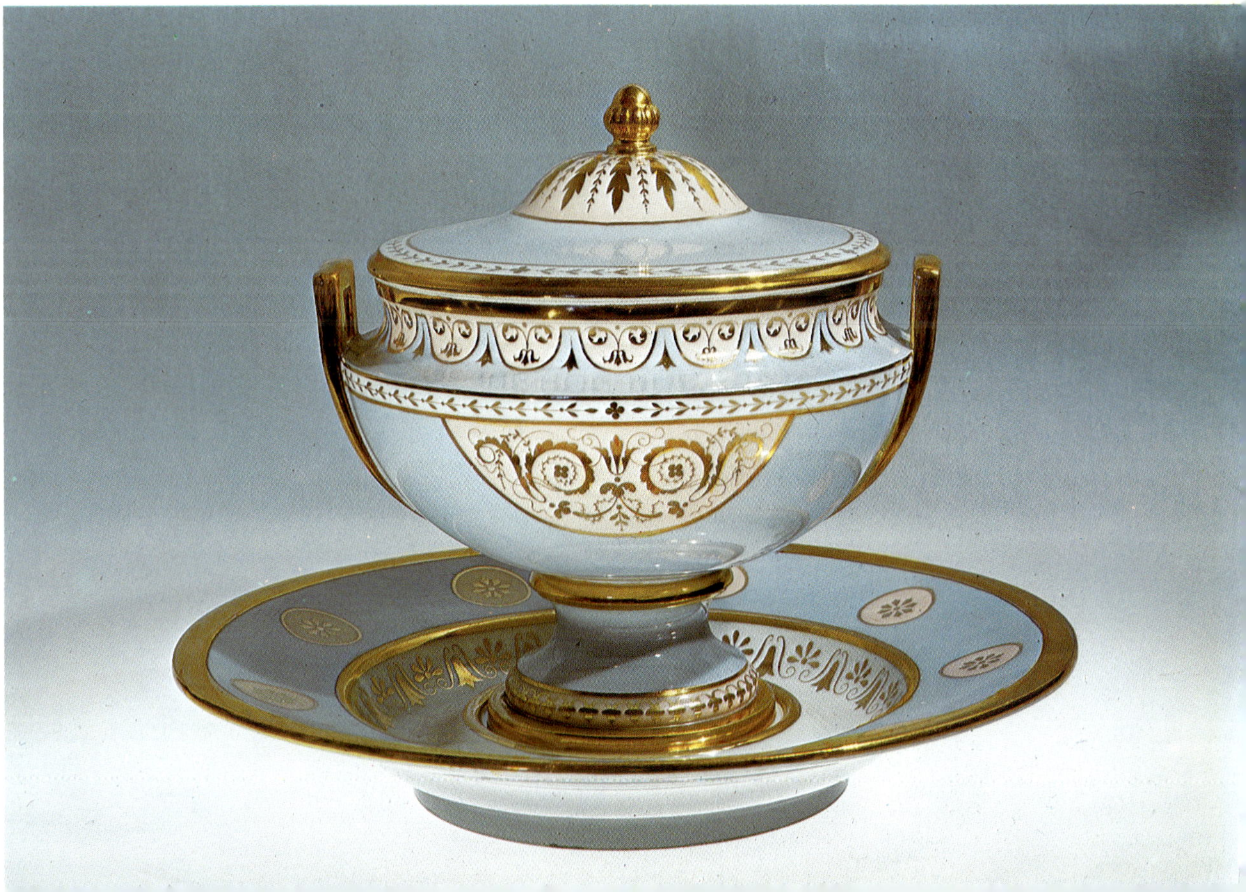

*Zum Mittagessen im biedermeierlichen Bürgerhaus übernimmt die Mutter das
Füttern des Kleinsten, der Vater transchiert nach altem Brauch die Gans
und die Annamirl schaut, ob alles recht ist. Die Bilder an der Wand, das auf-
geschlagene Klavier beweisen, daß Wohlstand und Eßbehagen, Kultur und Kunst
auch hier daheim sind.*

auch am 14. November 1901 auf der Hoftafel in München für den Prinzregenten Luitpold. Die Regenwürmer stehen auf der goldgeränderten Menükarte so pikant in einer Reihe feiner französisch aufgeführter Speisen, wie Carpe rôti (Gebratener Karpfen) und Glace aux fraises (Erdbeer-Eis).

Das Rezept stammt aus dem handgeschriebenen Kochbuch von Maria Schötz aus Buchenau von 1862, ein Beweis also wie langlebig und beliebt diese Mehlspeise war und noch ist.

Das Originalrezept:

Nehme Mehl auf ein Nudelbrett, salze es, einige Eidotter, sauren Rahm und Milch, mache einen Teig, dreh ihn schön aus auf ein Tuch, lasse in einer Rein Milch und Schmalz sieden, gieb die Nudel hinein und lasse sie stark braun werden.

Um das Originalrezept etwas verständlicher zu machen, sei es hier ins Moderne übersetzt:

Zuerst verarbeitet man 500 g Mehl mit 2—3 Eiern, 50 g Butter und etwas Salz sowie saurem Rahm zu einem nicht zu festen Teig, der mit einem Tuch bedeckt 1 Stunde ruhen muß. Dann rollt man aus diesem Teig höchstens $1/2$ cm dicke, würmerähnliche Nudeln und läßt sie wiederum 1 Stunde trocknen. Hierauf kocht man 1 Liter Milch mit 100 g Butter auf und darin die Nudeln, die bewegt werden müssen, damit sie nicht zusammenkleben, leise ziehend durch. Sie werden herausgesiebt und in einer Reine mit reichlich Butter und gut durchgezuckert langsam, wobei man sie gelegentlich umwendet, im Rohr goldbraun gebraten. Sie sollen voll Ramel und saftig sein. Zuletzt streut man Vanille-Zucker oder Zimt-Zucker darüber. Auch Kompott paßt dazu.

Patscherne Nockerl
Originalrezept

Laße in einen Tiegel $1/4$ Pfund Butter zerschleichen, gib Mehl hinein, und lasse es anlaufen, sodann gieße eine Halbe Milch hinein, und trocknet es so herunter, rühre dann ein Stück Butter in einer Schüssel pflaumig ab, rühre das abgetrockte hinein, legt 10—12 Eier in warmes Waßer, schlägt sie nacheinander hinein, und von 5 Eiern den Schnee, mache es nicht zu dünn, lege ein Stück Butter in einen Tiegel und Milch dazu, siedet die Milch, dann gibt man es mit einem Eßlöffel hinein, deckt sie zu, und die Milch eingekocht ist muß man Acht geben, daß sie nicht anbrenen, richtet man sie an thut man die Ramel in die Höhe, bestreut sie mit Zucker und gibts zur Tafel.

Handschrift der Maria Schötz, Schloßköchin in Buchenau 1862

Wespennester

Nehme nach Gutdünken Mehl in eine Schüssel, rühre ein Dampfl an und lasse es gehen, treibe hernach ein Stück Butter ab, rühre 4 Eier zum Dampfl, gibt nach Gutdünken lauwarme Milch dazu, 1 Löffel voll Germ, salzt den Teig und schlägt ihn gut ab, bis er sich vom Löffel löst, walgt ihn dann zu Meßerrücken dicke Flecke aus, schneide 2 Fingerbreite Streifchen, streicht sie mit Schmalz, streue Zwetschgen oder Weinbeer darauf, rollt sie zusammen, kehre sie um in zergangenen Schmalz, schmiere einen Modl und lege sie schön hinein, lasse sie gehen und backe sie heraus, stürze den Modl um, und lege die Wespennester auseinander und gibts mit Compott zur Tafel.

Handschrift der Maria Schötz, Schloßköchin in Buchenau 1862

Bayrischer Reis

Langkornreis wird in Milch weich gekocht, dann mit Zucker und Vanillinzucker gewürzt und kaltgestellt. Man gibt je 2 Likörgläser Kirsch und Grand Marnier, 4—5 kleingeschnittene Scheiben Ananas (Dose) und je nach Menge $1/8$— $1/4$ Liter steifen Schlagrahm darunter. Der Reis wird in eine glatte, leicht geölte Schale gefüllt, gestürzt und mit frischen Früchten oder Ananas garniert.

Originalrezept aus Schloß Oberzwieselau im Bayrischen Wald

Gebackener Pudding

6 Eidotter und 6 Eßlöffel Zucker werden mit 1 Päckchen Vanillinzucker schaumig gerührt. Dazu kommen 6 Eßlöffel Semmelbrösel, die mit 2—3 Eßlöffeln Arrak angefeuchtet wurden, 6 Eßlöffel feingeriebene Mandeln, 2 Eßlöffel feingehacktes Zitronat, etwas Zimt und der steife Eischnee. Die Masse wird in einer gut gefetteten Gugelhupfform gebacken. Nach dem Stürzen wird der Pudding dicht mit Mandelsplittern gespickt und langsam mit einer Flasche fast kochendem Rotwein übergossen.

Originalrezept aus Schloß Oberzwieselau im Bayrischen Wald

Bayrisches Weinkoch

Hierbei handelt es sich um ein uraltes Rezept, das schon in frühesten Handschriften bayrischer Provenienz vorkommt. „Das Koch" ist schlichtweg der Brei aus Mehl, geschroteten Körnern oder Brot und wurde durch Jahrhunderte hindurch gepflegt und dabei verfeinert. Der „Packerlpudding" von heute hat ihn abgelöst, aber es lohnt sich, wieder einmal einen echten „Koch" aufzutischen.

3—4 blonde, altbackene Semmeln werden aufgeschnitten und in halb Wasser, halb Wein gut durchgekocht und gerührt, bis sich die Masse als Klumpen vom Topf löst. Man zieht ihn dann vom Feuer, gibt nach dem Auskühlen 6 Eidotter, 90 g Zucker, etwas Zitronenschale, Muskat oder Ingwer, 1—2 Eßlöffel Rum, Salz und den steifen Eischnee dazu. Der Teig wird in einer gut gefetteten Form bei Mittelhitze rund ¾ Stunden gebacken, mit Zucker bestreut und sofort mit Wein-Chaudeau aufgetragen.

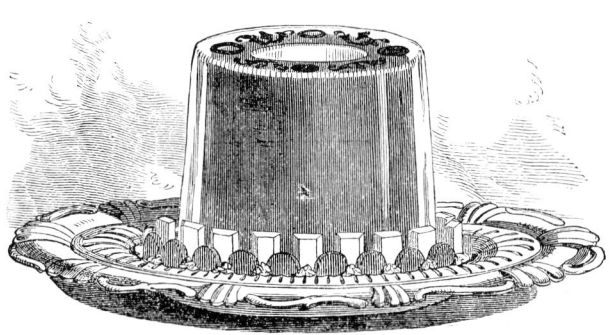

„Mandelkoch von Pistazien"

Originalrezept von der Frau Gräfin von Törring

Nimm ein halbes Pfund Mandeln, stoß sie gar klein mit frischem Wasser ab. dann thu's in einen irdenen Tiegel, und darein ein halbes Pfund Zucker, rühr's untereinander ab, und schlag daran 6 ganze Eier und 6 Dotter, eins nach dem andern, rühr's immer auf einer Seite; man darf's wohl eine Stunde lang rühren; dann nimmt 1 Viertling Pistazien, weich's in warmes Wasser, zieh die Haut davon ab, schneide sie nach der Länge, eine auf 6 Theile, thu daran vier Löffelvoll Zucker, laß es so eine Weile stehen, dann nimm Limonienschalen, welche nach der Länge geschnitten sind, siede sie aus 2 Wässern ab, daß das Häutige davon kommt, alsdann unter die Pistazien gemischt, und noch ein wenig Zucker, laß's in einer messingenen Pfanne auf dem Feuer wohl abtrocknen, dann thu's wieder in die Schüssel, laß's kalt werden, unterdessen aber muß man die

Mandeln immer ungerührt haben, und wenn man's in die Schüssel thut, welche zuvor mit Butter geschmiert wird, und der Reif auf der Schüssel mit Teig angefüllt ist, muß man erst die Pistazien darunter rühren, daß es hübsch untereinander kommt, dann schön gleich gebacken, nur nicht zu heiß, damit es schön aufläuft, dann geschwind ein Papier darauf gelegt, und $^3/_4$ Stunden gebacken, so ist's recht.

Aus „Altadeliges Bayer'sches Koch- und Konfektbuch", München 1837

Prinzregenten-Pudding

Einstmals waren die schöngeformten kupfernen oder gar versilberten Puddingformen der Stolz einer jeden guten Küche. Man hat vielerlei Puddingarten, süße wie salzige, gekocht und sie heiß oder kalt mit Kompott, Wein-Chaudeau oder mit „Familiensoße" (Vanille-Soße) zu Tisch gebracht.

20—24 Zwiebackscheiben werden einseitig gebuttert und schichtweise mit 250 g eingezuckerten Rosinen in eine gut gebutterte Puddingform gegeben. Dann verquirlt man $^3/_4$ Liter Milch oder $^1/_2$ Liter Milch und $^1/_4$ Liter Rahm mit 5 Eiern, 70 g Zucker, ein wenig feingeriebene Zitronenschale, 1 Beutel Vanillinzucker, etwas Salz und Muskat und gießt dies über den Zwieback. Die Puddingform wird mit dem gebutterten Deckel gut verschlossen und $1^1/_2$ Stunden in leise ziehendem Wasser gekocht. Man stürzt den Pudding und reicht beliebiges Kompott oder ein warmes Zwetschgen- oder Himbeermus dazu.

„Brand von Moskau"

Als 1812 Napoleon in Rußland geschlagen wurde, leuchtete der Brand von Moskau sogar in die Küchen und man hielt die Erinnerung in flambierten Süßspeisen wach. Das Flambieren ist also keine neue Sache, sondern eine sogar schon im Mittelalter bekanntgewesene Schau der guten Culinaria.

2 in Milch geweichte und ausgedrückte Semmeln werden mit 1—2 Eßlöffeln Schwarzbrotbröseln, am besten solche von Pumpernickel, 150 g Zucker und je 50 g Rosinen und geriebenen Mandeln gerührt. Man gibt 4 Eidotter, etwas Mandelöl, Vanillinzucker, Zimt und Muskat dazu und hebt den sehr steifen Schnee der Eier darunter. Die Masse wird in eine gut gefettete Auflaufform gefüllt und mit Zucker bestreut. Man bäckt sie im Rohr lichtgelb und gießt kurz vor dem Anrichten $^1/_2$ Weinglas Arrac darüber. Er wird angezündet. Man bringt die Speise rasch und brennend zu Tisch.

Handschrift der Maria Schötz, Schloßköchin in Buchenau 1862

„Mandelkäs"

Von der Frau Gräfin von Tattenbach

Auf 1 Pfund Mandeln nimmt man drei Viertel Quart Milch, aber die Mandeln müssen gar klein gestoßen seyn, daß wenn man's durchtreibt, kaum so viel Mandeln davon kommen, als ein Ei groß ist; man muß sie nicht durch ein zu großes Sieb treiben, und nicht durch ein gar zu enges. Hernach nimmt man 1½ Loth Hausenblasen, schneidet sie klein, thut sie in eine Rain; wer Rosenwasser haben will, der gieße eines hinein, wer's aber nicht mag, der nehme frisches Wasser, und laß es sieden, daß es weich werde, gieße hernach die Mandeln auf das Sieb, und treib's auch durch, thu's unter die Mandeln, und zucker's gar wohl, setz' es zum Feuer, und laß es sieden, aber nicht lang, nur einen guten Sud. Den Model schmiert man mit Mandelöl. Wenn man die Mandeln stößt, so nimmt man ein wenig davon, und drückt's durch ein reines Tuch, damit man einige Tropfen Mandelöl habe, den Model damit zu schmieren, gießt's darein, läßt's über Nacht stehen, so stock's und geht fein heraus.

Aus „Altadeliges Bayer'sches Koch- und Konfektbuch", München 1837

Ins Heutige übersetzt, lautet dieses alte Rezept: In ¾ Liter Milch kocht man 150—200 g sehr fein geriebene Mandeln, die am besten trocken und vorsichtig unter stetem Rütteln durchgeröstet werden. Man seiht sie nach Belieben ab und läßt nur 1—2 Eßlöffel voll davon in der Milch, kann aber auch alle Mandeln darinlassen. An genau abgemessene ½ Liter Masse gibt man 6 Blatt aufgelöste Gelatine, 2—3 Eßlöffel Zucker, Vanillinzucker, etwas Rosenwasser und einige Tropfen Mandelöl. Man füllt sie in eine mit Mandelöl ausgeschmierte Form, stellt sie kalt und stürzt den nun fest gewordenen Mandelkäs. Er ist ein naher Verwandter von Blanc manger.

Nuß-Pudding

200 g geröstete und feingeriebene Haselnüsse werden bereitgestellt. Dann rührt man 4 Eidotter mit 150 g Zucker schaumig, gibt etwas Salz und ein wenig Zimt, die Nüsse und 100 g Brösel, 2 Eßlöffel Rum, 3—4 Eßlöffel Milch und zuletzt den sehr steifen Eischnee darunter. Diese Puddingmasse wird mit 3—4 kleingewürfelten Scheiben Ananas oder 3—4 gewürfelten aromatischen Äpfeln oder mit 250 g entsteinten Kirschen in eine gut gefettete und gebröselte Puddingform gefüllt und verschlossen 60—70 Minuten im Wasserbad gekocht. Der gestürzte Pudding wird mit einer Schokoladensoße oder mit Himbeersirup aufgetragen. Sehr gut schmeckt auch eine schaumige Weinsoße dazu.

Schmalzbachernes

war in Bayern stets so beliebt, daß es keine sozialen Grenzen für den Verzehr gab. Der rauchende Topf stand in der Hofküche ebenso, wie im Bauern- und Bürgerhaus, denn die Weiden gaben gut Futter, die Kühe gut Milch, die Milch gut Butter und daraus wurde das duftende, goldene Butterschmalz. In jeder Speis' standen die blaugemusterten Steinzeugtöpfe voll davon und es war einer jeden Hausfrau Stolz, recht resche, honigbraune, zartkrachende, lustig geformte Küchel und Strauben, Nudeln und Scherben damit zu backen.

Und in ihrer Freude darüber, daß alles so luftig und golden herauskam aus dem liebgewohnten Fettbad, hat sie sich allerhand auf die Umwelt bezügliche Namen dafür erdacht. Da gibt es Drahtküchel und Hasenöhrl, Ochsengurgeln, Storchennester und Springnudeln, Hobelscheiten, Scherben und Bubenzipfel, Hörndl und Bärentatzen, Schmalzrosen, bachene Mäusl, Schlitzaugen, Ofenküchel, Schlosserbuben, Hahnenkämme und vieles andere mehr, das durch originelle Form und Name noch besser schmeckt, als die altbekannten „Auszognen", die Fensterküchel und Polsterzipfel.

Es ist eine eigene Welt rund um den Schmalztopf entstanden und der Hofkoch hat ebenso liebevoll gebacken, wie die Handwerksmutter. Und Anlaß hat man immer leicht gefunden und so wurde jeder kleinste Feiertag, eine reiche Arbeitswoche, die Fastenzeit, die Ernte und auch ein lieber Besuch zum Vorwand gemacht, daß der Schmalztopf rauchen mußte. Das hat so viel „Bachernes" entstehen lassen, daß ein ganzes Buch allein damit gefüllt werden könnte. Ich wüßte einen Titel dafür: „Der weißblaue Schmalztopf"!

Dabei ist dieses köstliche Backwerk gar nicht eindeutig als Mehlspeise oder als Gebäck oder als feines Dessert in den entsprechenden Gruppen einzuordnen, weil es, je nach Aussehen, Teigart und Begleitumstand, wie etwa eine feine Soße, Kompott oder dergleichen alles miteinander sein kann. Deshalb sind die schmalzgebackenen Spezialitäten unterschiedlich im ganzen Buch verteilt. Sie werden am besten im Inhaltsverzeichnis gesucht.

Ochsengurgeln oder Strauben

waren besonders zur Faschingszeit in Münchner Familien eine sehr beliebte Gebäckform zum Kaffee. Sie müssen schön goldbraun, süß überzuckert und bei aller Reschheit flockig zart sein. Ochsengurgeln mit Kompott gab es für Prinz Ludwig in Schloß Wildenwarth am 5. November 1883 als Nachtisch.

An ¼ Liter Milch gibt man 75 g Fett und eine Prise Salz. Dies läßt man zusammen aufkochen, gibt 175 g gesiebtes Mehl auf einmal dazu und rührt gut durch. Wenn sich die Masse als Klumpen vom Topf löst (Brandteig) und leicht ausgekühlt ist, werden 3 Eier nacheinander dazu gegeben und rasch verrührt. Mit der Straubenspritze formt man Stangen, Ringe und „S" auf ein bemehltes Brett und läßt sie vorsichtig in das heiße Fett gleiten und auf beiden Seiten braun backen. Am besten schmecken sie, wenn man sie heiß zu Tisch bringt.

Drahtkücheln

Auf Stricknadeln oder angespitzten Draht spießt man kurz durchgekochte, große und kernfreie Rosinen auf, bis die Nadeln beinahe voll sind, insgesamt etwa einen Spann lang. Dann bereitet man einen Brandteig, taucht die Nadeln hinein und bäckt sie schwimmend in Schmalz heraus. Man taucht sie noch mehrmals ein, damit die Küchel schön dick werden. Dann zieht man die Stricknadeln heraus und löst die kleinen Küchel voneinander; sie werden zuletzt noch mit Zimt-Zucker bestreut. Wer sie größer will, spießt Dörrzwetschgen auf.

Apfelküchel vom Hofkoch

6—8 Eier, 12 Eßlöffel helles Bier und 10 g in etwas Milch mit wenig Zucker aufgelöste Hefe, 1—2 Eßlöffel Zucker, eine kleine Prise Zimt und so viel Mehl, daß ein leicht dicker Teig entsteht, werden gut durchgerührt. Inzwischen schält man auch große, mürbe Äpfel, schneidet sie in dicke Scheiben, mariniert sie in Rum, sticht das Kernhaus aus und wendet sie in obigem Teig. Man bäckt sie in heißem Schmalz goldgelb und spickt sie reich mit großen Mandelstiften und übergießt sie mit heißgemachter Aprikosenmarmelade oder mit flüssigem Honig.

Apfelstrauben

Von großen, geschälten Äpfeln schneidet man kleine, viereckige Stangerl, wie etwa zu Pommes frites, und zuckert sie leicht ein. Gleichzeitig bereitet man aus Mehl, etwas heißgemachtem Weißwein und ein wenig Zucker einen dicklichen Teig, unter den man noch 2 halbfest geschlagene Eiweiß gibt. Man spießt dann die Apfelstückchen auf Holzspießchen und taucht sie zuerst in den Teig und hierauf in heißes Schmalz. Sie müssen schön goldbraun backen; dann zieht man die Hölzchen heraus, richtet sie wie einen Scheiterhaufen an, streut Zucker und Zimt darüber oder gibt eine süße, aromatische Vanillesoße mit etwas Rum oder Arrak herzhaft abgeschmeckt oder heißgemachten, süßen Rotwein dazu.

Fruchtbeignets

Halbierte, entkernte und natürlich geschälte Äpfel einer aromatischen, reifen Sorte, ferner feste, halbe Pfirsiche oder Birnen, halbe Ananasscheiben und auch Bananenstücke werden in einen feinen Ausbackteig getaucht und in heißem Fett schwimmend goldbraun gebacken. Man streut Zucker oder Zimtzucker darüber und reicht heißgemachte und mit etwas Cognac abgeschmeckte Himbeermarmelade dazu. Die Beignets kann man aus jeder Fruchtart bereiten.

Oblaten-Küchel

Das ist eine noble Art, feine Küchel zu backen, die wohl ein wenig Arbeit macht, aber das Resultat lohnt sie.

Zuerst schneidet man sich etwa 5 cm große, viereckige Stücke Oblaten zurecht und setzt etwa markstückgroße Kleckschen von Hagebuttenmarmelade darauf. Man bedeckt sie mit einer zweiten Oblate, drückt sie aber nicht an, so daß die Marmelade nicht auseinanderläuft.

Jedes dieser Oblaten-Küchel taucht man nun an den 4 Ecken in einen dünnen Brand- oder Ausbackteig und zwar so, daß die Küchel ringsum von Teig eingeschlossen sind; das Mittelstück mit der durchscheinenden Marmelade muß freibleiben. Dann werden sie in heißem Fett goldbraun gebacken und mit Zucker überstreut. Statt Marmelade kann man auch halbe, reife Aprikosen einfüllen.

Hollerküchel

wurden bei Hof vornehmerweise „Beignets de fleur de sureau" genannt, im übrigen aber genau so gern verspeist, wie dies in jedem bayrischen Bürger- und Bauernhaus der Fall war. Man hat die großen, weißen Dolden vom Holler gut ausgeschüttelt, weil gerne kleine Käferl darin sind. Dann wurden oder werden sie in einen feinen Ausback- oder einen einfachen Pfannkuchenteig getaucht und schwimmend in Schmalz goldgelb gebacken. Sie schmecken, stark überzuckert, gerade so gut zum Kaffee wie zum Punsch.

Bayrische Erdbeerkrapfen

Sehr dünn geschnittene Semmelscheiben werden vorsichtig mit gesüßter Milch betropft und je zwei mit frischen, gezuckerten Walderdbeeren dicht gefüllt. Man betropft sie noch mit Rum, drückt die Brotscheiben leicht zusammen und wendet sie in Ausbackteig. Dann bäckt man sie schwimmend goldbraun und bestreut sie mit Vanillinzucker oder mit Zimt-Zucker.

Gebackene Aprikosen auf königliche Art

15 große, reife Aprikosen werden gebrüht, geschält, halbiert und entkernt. Nun röstet man 200 g geschälte und geriebene Mandeln, die mit 100 g Zucker und 2 Eiweiß vermischt wurden vorsichtig in der Pfanne. Sie dürfen nicht dunkel werden. Man kann bequemerweise auch 200 g gekauftes Marzipan verwenden. Daraus formt man Kerne und füllt sie in die Aprikosen. Sie werden in Makronenbröseln gewendet, in einen feinen Ausbackteig getaucht und in heißem Fett schwimmend gebacken. Zuletzt überzieht man sie mit geschmolzener Schokolade und steckt sie an kleine Spieße oder Zahnstocher.

Salbei-Mäuserl

Das ist ein ganz altes Rezept, das man schon in frühesten Kochhandschriften finden kann, das lange in der feinen Küche lebte, vergessen wurde, und hier wieder Auferstehung feiern soll.

Frische, große Salbeiblätter werden gewaschen, gut abgetropft, mit etwas Mehl bestäubt und in einen Ausbackteig getaucht. Für diesen rührt man 3 Eßlöffel Mehl mit 1 Eidotter, etwas Salz und so viel hellem Bier an, daß eine halbflüssige Masse entsteht. Zuletzt fügt man den steifen Eischnee hinzu. Die ausgebackenen Blätter mit ihrem kleinen Stielansatz schauen tatsächlich wie Mäuschen mit langen Schwänzen aus. Sie sind eine ausgezeichnete Beilage zu Wein oder Bier oder zu anderen Gelegenheiten.

Nuß-Reindling

25 g Hefe löst man mit 1 Kaffeelöffel Zucker in 1 Tasse lauwarmer Milch auf und setzt mit etwa 50 g Mehl einen Vorteig an, den man gut gehen läßt. Dann rührt man 80 g Butter mit 60 g Zucker schaumig, fügt 2—3 Eier, Salz, etwas geriebene Zitronenschale, 2 Eßlöffel Rum und 350 g Mehl hinzu. Dieser Teig wird mit dem Vorteig vereint und sehr gut verknetet. Während er geht, vermengt man 40 g erwärmte Butter mit 100 g Zucker, 1 Eßlöffel Honig, 100 g feingehackten Nüssen, 60 g Rosinen, einer guten Prise Zimt und 1 Päckchen Vanillinzucker. Der Teig wird zu einem großen Viereck ausgewalgt und mit der Fülle bestrichen. Man rollt ihn locker auf und legt ihn wie eine Schnecke in eine gut gefettete Reine oder in eine feuerfeste Form. Man läßt den Reindling nun nochmals gut gehen und bäckt ihn dann bei Mittelhitze goldbraun. Zuletzt wird er überzuckert oder mit einem Zuckerguß dünn überzogen. Er wird stückweise herausgestochen und mit Kompott serviert.

Dukaten-Nudeln

Diese Art sehr kleiner, besonders feiner Rohrnudeln wurde gerne mit „sauce vanille" bei Hof aufgetragen, beispielsweise am 12. Februar 1902, wie uns eine erhaltene Menükarte dieses Tages beweist.

500 g Mehl setzt man mit 50 g aufgelöster Hefe an. Dann rührt man 2 Eier mit 200 g Butter, gibt 2—3 Eßlöffel Zucker und das Mehl mit der Hefe sowie eine Prise Salz und nötigenfalls ein wenig Milch dazu. Die große Hefemenge ist wegen der reichlichen Fettzugabe notwendig. Der sehr gut abgeschlagene, nahezu weiche Teig muß unter einem Tuch gehen und wird dann zu kleinen Nudeln, etwas größer wie eine Walnuß, ausgedreht. Diese Nudeln werden einzeln noch in erwärmte Butter getaucht und dicht nebeneinander in eine feuerfeste Form gesetzt. Man läßt sie hier erneut gehen und bäckt sie hierauf in der Röhre goldgelb. Dazu gibt es eine Vanillesoße, die durch Zugabe von $1/4$ Liter Schlagrahm und 1—2 Eßlöffeln Rum verfeinert wird.

Bayrischer Apfelstrudel

Dieser saftige Strudel, sehr oft auch Rahmstrudel genannt, unterscheidet sich vom Wiener Apfelstrudel dadurch, daß er nicht goldbraun ausgebacken wird und dann auch als Kaffeegebäck verwendet werden kann, sondern es ist eine saftige Mehlspeise, die warm auf den Tisch kommen soll.

400 g Mehl werden mit etwas lauwarmem Wasser, 1 Ei, 70 g Zucker und einer Prise Salz zu einem halbfesten, zähen Teig verknetet. Man schlägt und knetet ihn so lange, bis er sich von den Händen löst und Blasen wirft. Diese gründliche Vorarbeit ist notwendig, sonst kann man den Strudel nicht dünn genug ausziehen. Der Teig wird mit einer warmen Schüssel zugedeckt; er muß etwa 1 Stunde ruhen; die Schüssel verhindert, daß er eine Haut bekommt. Man schneidet dann 2—3 Stücke daraus und zieht sie einzeln zuerst über den Handrücken und nachher auf einem bemehlten Tuch liegend so dünn aus, daß man sozusagen eine Zeitung durchlesen kann; vor allem die äußeren Ränder müssen noch besonders dünn ausgezogen oder weggeschnitten werden. Darauf verteilt man zuerst etwas flüssige Butter, weiterhin mit 1—2 Eiern und Zucker abgebrühten Topfen, mit einer dicken Schicht feingehobelter Äpfel, nochmals Zucker, Zimt und reichlich Rosinen; man kann auch nochmals erwärmte Butter darüberträufeln. Nun werden die einzelnen Strudel aufgerollt und nebeneinander in eine Reine gegeben. Man gießt süßen Rahm oder ein Gemisch aus Milch und Rahm mit etwas Zucker darüber, so daß sie beinahe halb

davon bedeckt sind; dann wird der Teig oben mit Butter bestrichen. Die Strudel werden im Rohr goldbraun gebacken, bis die Milch nahezu eingezogen ist und sie schöne braune Ramel zeigen. Überzuckert, kommen die Strudel zu Tisch.

Bavesen

sind durch das bayrische Idiom weichgewordene „Pavesen", also Schilde, schildförmige Brotgebilde. Manche Leute sagen, sie kämen aus der Stadt Pavia, aber das ist vielleicht nur eine Annahme. Diese Bavesen also hat man früher aus Weißbrot- oder Semmelscheiben gemacht, verschiedentlich süß oder pikant gefüllt und in Schmalz herausgebacken. Man kennt Zwetschgenbavesen, Birnenbavesen, Hagebutterbavesen und nach der salzigen Seite hin auch Spinatbavesen, Schinkenbavesen und Leberbavesen. Wir können natürlich selber noch eine ansehnliche Reihe weiterer Bavesen hinzudichten, denn sie sind eine schnelle und „dantschige Sach". Deshalb waren sie auch „hoffähig".

Man befeuchtet für sie Weißbrotscheiben mit gesüßter oder gesalzener Milch, füllt je 2 mit einer dicken Schicht der vorgesehenen Masse und taucht sie in zerschlagene, gezuckerte oder gesalzene Eier. Dann bäckt man sie in heißem Fett goldgelb. Zuletzt streut man Zimt-Zucker darauf.

Birnen-Bavesen

Dicke Semmelscheiben oder Toastbrot weicht man mit etwas Milch vor und füllt je zwei Scheiben mit einer dicken, roten Marmelade. Man taucht sie in einen Pfannkuchenteig und bäckt sie in reichlich Fett auf beiden Seiten schön goldbraun. Dann bestreicht man die Oberfläche nochmals mit Marmelade und legt in Zuckerwasser mit etwas Weißwein geschmorte Birnenhälften, die geschält und ausgehölt wurden, darauf. Die Bavesen werden zuletzt noch dicht mit Knusperflocken oder feingeriebenen Haselnüssen überstreut.

Zwetschgenbavesen für den Herrn Churfürsten

Dicke Semmelscheiben werden mit gesüßter Milch angefeuchtet. Dann werden je zwei dick mit Zwetschgenmarmelade gefüllt, in Mehl, Ei und Bröseln gewälzt und in Butterschmalz goldbraun herausgebacken. Man spickt sie dicht mit Mandelsplittern und kocht sie jetzt in gesüßtem Rotwein kurz auf.

179

Tischlein Deck Dich

Nüchtern gesehen waren die Extravaganzen des bayrischen Märchenkönigs eine Verschwendung. Uns Heutigen aber sind sie Ausdruck einer romantischen, individualistischen Seele, der erfüllte Wille eines selbstherrlichen und versponnenen Menschen. Wir lächeln, aber staunen, wir lästern, aber bewundern. König Ludwig II. war einfach zu spät auf die Welt gekommen; er war hängengeblieben an der Vorstellung seiner göttlichen Sendung, war verliebt in seine Traumvorstellungen und verdammt, in einer von ihm so empfundenen Unwirklichkeit zu leben, die ihm Menschenscheu, Angst und Überheblichkeit gleichermaßen bereitete. Für ihn gab es nichts, was es nicht gab. Auch das Märchen vom „Tischlein Deck Dich" wollte er verwirklicht sehen und er hat es vor sich auftauchen lassen aus der Tiefe, voll gedeckt mit herrlichen Speisen, ohne in ein menschliches Gesicht sehen zu müssen. Lustig? Nein, krank! Krank und arm, trotz allem Gold und Prunk.

Das Tischlein ist mit seiner gekonnten Mechanik, seiner überladenen Pracht und mit seinem kindlichen Ursprung heute nur noch Sensation, damals aber der goldüberkrustete Fluchtpunkt einer wunden Seele gewesen. Es gehört zu Bayern, seinen Schlössern, seinen Bergen, seiner königlichen Küche. Es ist so gesehen, auch ein Ausdruck bayrischer Culinaria.

Eine Besonderheit unter Bayerns Kochbüchern aus dem vorigen Jahrhundert ist ein „Altadeliges Koch- und Konfektbuch", dessen Titelseite nebenstehend abgebildet ist. Es zeigt die enge Verbundenheit von Hof, Adel und Volk, wie selten ein anderes Dokument dieser Zeit. Eine „berühmte Gräfin" hat „für alle Stände" Rezepte gesammelt und die jetzt 350jährige, älteste Münchner Lindauer'sche Buchhandlung hat das Buch 1837 herausgebracht. Die berühmte Gräfin selbst war Maria Magdalena, Gräfin von und zu Portia. Viele Namen der „ältesten Adelsgeschlechter Bayerns" sind neben so manchem feinen und einfacheren Rezept zu finden.

Weitere Rezepte, speziell „Schloßrezepte" zeigen, wie auf dem Land und auch in so manchem Stadtpalais, auf diplomatischem Parkett und in großen Pfarrhäusern, oft mit eigener Landwirtschaft, gegessen wurde.

Wir wissen heute, daß viele Eier und große Buttermengen die Kuchen und Aufläufe nicht feiner, sondern nur schwerer machen. Deshalb sind die Anweisungen hier großenteils etwas vereinfacht, damit sie nicht nur wehmütige oder mitleidig belächelte Erinnerung, sondern auch küchenlebendiges Traditionsgut bleiben. Einiges erscheint im Original, denn es ist sicherlich interessant, gelegentlich auch einmal so ein Rezept nachzukochen.

Altadeliges

Bayer'sches

Koch - und Konfektbuch

für alle Stände,

aus dem

Nachlasse einer berühmten Gräfin.

Mit

Beiträgen von den vornehmsten Damen der
ältesten Adelsgeschlechter Bayerns, in der
Vorrede namentlich aufgeführt.

Nebst einer

Anleitung zur Bereitung der Speisen und Getränke
für Kranke und Wiedergenesende; einem täglichen Kü-
chenzettel, einer Tranchirkunst und einem Anhange,
enthaltend: Bier= und Weinkünste.

München 1837.
Joseph Lindauer'sche Buchhandlung.
(C. L. Fr. Sauer.)

Süßes vom Backbrett

Nachdem man behauptet, daß Männer, die gerne Süßes essen, gute Ehemänner seien, so könnte man auf Grund unserer weitgehend entwickelten Backkunst auch vermuten, daß die bayrische Männlichkeit eine Prüfung ihrer Ehetauglichkeit wohl bestehen würde, denn es riecht nicht nur am Sonntag nach Gebackenem bei uns und der süße Anteil an den oft recht aufwendigen und vielgestaltigen Rezepten in alten bayrischen Kochbüchern ist ziemlich groß. Natürlich sind auch viele allgemeine und überkommene Rezepte dabei, wie man sie überall findet; diese sind hier aber weniger interessant. Sie sollen durch eine kleine Auswahl von speziellen „hiesigen" Anweisungen ergänzt werden.

Großmutters Käskuchen

Zu königlichen Zeiten gab es in Bayern noch keine hochaufgeplusterte „Käsesahnetorte", sondern einen saftigen, flachen gaggerlgelben Käskuchen mit viel Weinbeerl drin. Für die Unterlage ist ein normaler Mürbteig (200 g Mehl, je 80 g Butter und Zucker, 1 Ei, etwas Backpulver) notwendig. Darauf kommt eine gut verrührte Mischung aus 750 g Topfen, 200 g Zucker, 2 Päckchen Vanillinzucker, 80 g Stärkemehl, 3 Eiern, 150 g Weinbeeren oder Rosinen und 2-3 Eßlöffeln dickem, saurem Rahm. Dieses Gemenge streicht man auf den ausgewalgten Mürbteig und bäckt den Kuchen dann bei guter Hitze etwa 45 Minuten. Zuletzt wird er noch überzuckert. Er war immer mein Geburtstagskuchen.

Kirsch-Mandelkuchen

4 Eidotter, 100 g Zucker und 1 Eßlöffel Wasser werden schaumig gerührt. Man gibt 120 g Mehl, 50 g Stärkemehl, etwas Zitronensaft und geriebene Zitronenschale sowie 300 g entsteinte und abgetropfte Kirschen oder Weichsel dazu. Zuletzt hebt man den steifen Eischnee darunter und füllt die Masse in eine gut gebutterte und reich mit Mandelsplittern ausgestreute Springform. Der Kuchen wird 30-35 Minuten bei Mittelhitze gebacken. Währenddessen bereitet man aus 60 g Butter, 60 g Zucker und 60 g geschnittenen Mandeln einen Guß, den man über den Kuchen gießt und ihn dann nochmals bei Oberhitze überbäckt.

Affinger Kuchen

Welche Bewandtnis es mit dem Affinger Kuchen hat, war nicht zu erkunden; jedenfalls aber steht er im Kochbuch von Rottenhöfer und er erscheint auch auf den Speisekarten des Hofes. Affing liegt bei Augsburg und beherbergte sicherlich einmal die Spenderin dieses Rezeptes.

Zum Kuchen werden 140 g Butterschmalz mit 6 nach und nach eingeschlagenen Eiern, 2 Eßlöffeln Zucker, reichlich geriebener Zitronenschale, etwas Salz und 280 g Mehl verrührt. Man gibt 20 g in etwas warmer Milch mit Zucker aufgelöste Hefe und 100 g Rosinen dazu. Der Teig muß sehr gut durchgearbeitet werden. Dann schmiert man eine Form mit reichlich Butter aus, macht aus geschälten Mandeln und Rosinen ein hübsches Muster hinein und drückt den Kuchenteig so vorsichtig darauf, daß das Muster sich nicht verschiebt. Man läßt den Teig nochmals gehen und bäckt ihn dann im Rohr langsam goldbraun. Der Kuchen wird gestürzt und mit Honigwasser bestrichen, so daß man das Muster klar sieht. Das muß geschehen, solange er noch warm ist.

Altenburger Kartoffelkuchen

Dieser Kuchen, eigentlich mehr eine Torte, wurde von Königin Therese, der Frau von König Ludwig I., als Rezept aus ihrer thüringischen Heimat mitgebracht. Er wurde noch jahrzehntelang in Erinnerung an sie von ihren Kindern bei Familienfesten, insbesondere an Geburts- und Namenstagen, gegessen und sogar im „Rottenhöfer" festgehalten. Prinzregent Luitpold, der sehr an seinen Geschwistern hing, ehrte seine Mutter dadurch, daß er diesen Kartoffelkuchen stets zum traditionellen Familien-Schokoladefrühstück im Speisesaal der Steinzimmer in der Residenz reichen ließ. Auch die „Altenburger Schokolade" dazu war ein von der Königin treubewahrtes Rezept.

Für den Kartoffelkuchen gibt man an 150 g gerührtes Butterschmalz 200 g Zucker, 130 g geriebene Mandeln, 60 g kleingehacktes Zitronat, eine Prise Salz, etwas Muskat, Zimt, Ingwer und geriebene Zitronenschale, 6 Eidotter, 325 g frischgekochte, durchgeddrückte Kartoffeln, 50 g Mehl und den sehr steifen Schnee der Eier. Der schaumige Teig wird in einer gut gefetteten und gebröselten Springform bei Mittelhitze gebacken und dann überzuckert. Nach Belieben kann man ihn auch durchschneiden und mit Marmelade füllen.

Adelholzener Kuchen

Das ist ein einfacher, aber guter Kaffeekuchen, der in Erinnerung an Adelholzener Kurbesuche sowohl bei Hof wie im Bürgerhaus beliebt war. Hier soll er nun wieder auferstehen:

210 g Zucker, 2 Vanillinzucker und 5 Eier werden über Dampf schaumig geschlagen. Man gibt 210 g nicht heiße, nur zerlassene Butter rasch daran und siebt 210 g Mehl hinein. Der Teig wird in einer gut gefetteten und gebröselten Form bei Mittelhitze blond gebacken. Man überstreut ihn mit Zucker oder überzieht ihn mit geschmolzener Schokolade und besteckt ihn mit einem reichen Muster aus geschälten Mandeln oder Haselnüssen.

Münchner Apfeltorte

Diese Torte ist typisch münchnerisch, weil sie ohne kostbare Zutaten und ohne eine aufwendige Titulatur eine wirklich ganz ausgezeichnete Angelegenheit ist! Sie macht allerdings ein wenig Arbeit, aber dafür schmeckt sie so prächtig, daß sie sogar schon einmal eine Ehe in meinem Haus gegründet hat.

*Der in München von 1856—1865 tätige Maler Hermann Voltz aus Nördlingen
hat mit viel Gespür das bunte Leben im Münchner Hofbräuhaus eingefangen.*

Für die Torte werden 280 g Mehl, 220 g Stärkemehl und 1 Päckchen Backpulver gemischt und auf ein Brett gesiebt. Man gibt 200 g flockig geschnittene Butter, 4 Eier, 250 g Zucker, etwas Zimt, Salz und einige Eßlöffel sauren Rahm dazu. Von diesem Teig bäckt man 5-6 dünne, gleichmäßige Blätter. Dann rührt man 1 Liter möglichst dickes Apfelmark mit Zitronensaft, Mandelöl und 1 Glas Arrak und füllt damit die Kuchenblätter. Die so aufeinandergesetzte Torte wird mit einem Guß aus 200 g Puderzucker, etwas Zitronensaft und Arrak überzogen. Man setzt eine Garnitur aus Zitronat und Belegfrüchten darauf. Die Torte soll erst anderntags angeschnitten werden, damit sie recht saftig ist.

Große Haselnuß-Torte

8 Eidotter und 1 ganzes Ei werden mit 250 g Zucker sehr schaumig gerührt. Man gibt 250 g feingeriebene Haselnüsse, 1 Eßlöffel Stärkemehl, etwas abgeriebene Zitronenschale, den Saft von 1 Zitrone und den Schnee der 8 Eier hinzu. Die Masse wird $3/4$ Stunden in einer gut gefetteten Form gebacken. Vor dem Servieren gibt man unter $1/4$ Liter Schlagrahm 2 Eßlöffel Zucker, 1 Beutel Vanillinzucker, 2 Gläschen Grand Marnier und 50 g geröstete und feingeriebene Haselnüsse und reicht ihn dazu.

Rezept aus Schloß Oberzwieselau
im Bayrischen Wald

Äpfel im Schlafrock

International eigentlich „Pommes en Domino" betitelt, wurden sie auf der Menükarte des Hofes so nett „Pommes en robe de chambre" genannt, wenn man sie nicht gleich deutsch aufführte. Am 26. November 1901 gab es sie. Es handelt sich um Taschen aus Blätterteig, den man ja heute sehr einfach einer Tiefkühlpackung entnehmen kann.

Gleichgroße, aromatische Äpfel einer mürben Sorte werden geschält und vorsichtig ausgebohrt. Wenn sie hart sind, schmort man sie vorsichtig in Zuckerwasser mit etwas Zitrone vor. Sie dürfen aber nicht zerfallen. Dann wellt man den Blätterteig etwas dünner aus, schneidet große Karos aus und setzt die mit Kirsch- oder Himbeermarmelade gefüllten Äpfel darauf. Man bestreicht sie auch außen mit Marmelade, streut Mandelsplitter darauf und schlägt die 4 Teigenden darüber zusammen. Die 4 Ecken werden leicht angedrückt. Obenauf klebt man ein Teigfleckchen und bestreicht die Taschen dick mit zerschlagenem Ei. Sie werden gut mit rauhem Zucker bestreut und bei guter Hitze blond gebacken. Man kann sie warm als Dessert oder kalt zum Kaffee servieren.

Prinzregenten-Torte

Sie ist eine Huldigung an den Prinzregenten Luitpold und zugleich an das Land Bayern, denn ihre 8 Biskuitteigschichten sollen die 8 Landkreise versinnbildlichen. Von Julius Rottenhöfer der alten Dobos-Torte mit Karamelguß nachempfunden, wurde sie mit einer feinen Schokoladecreme gefüllt, leicht beschwert und anderntags auch mit Schokolade überzogen. — Das echte Rezept lautet:

150 g Butter werden mit 3 Eidottern und 125 g Zucker recht schaumig gerührt; man fügt 1 Tasse Milch und 230 g Mehl, das mit $1/2$ Päckchen Backpulver und 75 g Stärkemehl gemischt und gesiebt wurde, hinzu. Dann hebt man den steifen Eischnee darunter und gießt den Teig zu 8 dünnen Blättern auf ein gefettetes Springformblech; die Blätter werden einzeln schön hell ausgebacken. Für die Fülle rührt man 200 g Butter mit 200 g erwärmter Schokolade, 4 ganzen Eiern und 3 Eßlöffeln Zucker schaumig. Damit bestreicht man die 7 Kuchenblätter, denn das oberste bleibt frei und legt sie aufeinander. Die Torte wird nun über Nacht mit einem Brettchen beschwert, damit sich die Blätter nicht

aufbiegen. Dann überzieht man sie mit einem Guß aus 150 g erwärmter Schokolade, die mit einigen Tropfen heißem Wasser verrührt wurde. Dieser Guß muß ganz schnell und glatt über die Torte gezogen werden. Das Originalrezept sieht nur diese glatte, schwarze Oberfläche vor.

Gelbe Rüben-Torte

Trotz der einfachen Zutaten ist diese Torte überraschend fein im Geschmack und einmal etwas ganz anderes. Sie stammt aus einer Loseblatt-Sammlung handgeschriebener Rezepte aus Altbayern und wurde oft und gern nachgebacken.

6 Eier und 300 g Zucker werden gut gerührt. Man gibt 300 g geriebene Mandeln, 300 g fein aufgerissene rohe Gelbe Rüben, 2 Eßlöffel Stärkemehl, 2-3 Eßlöffel Rum, ½ Kaffeelöffel Zimt, etwas Ingwerpulver, Saft und Schale von ½ Zitrone und zuletzt den steifen Eischnee hinzu. Die Masse wird in einer gut gefetteten Springform 1 Stunde bei mäßiger Hitze gebacken und dick mit einem Guß aus 200 g Puderzucker und Rum überzogen.

Portugieser Kuchen

Das waren bei Hof gern gegessene Kuchen, die sich auch einigemale in alten bayrischen Kochbüchern finden lassen. 250 g Butter rührt man mit 250 g Zucker und gibt 5 Eidotter, 1 Eßlöffel Orangenblütenwasser, 1 Glas Madeira, 125 g Rosinen, Salz und den steifen Eischnee hinzu. Der gut gerührte Teig wird in kleinen, gefetteten Formen ausgebakken; man verwendet am besten Portionsförmchen. Sie brauchen 15-20 Minuten Backzeit bei Mittelhitze. Man kann die noch warmen Kuchen mit Madeira tränken, damit sie saftig werden.

Theresienthaler Strizl

Die „Theresienthaler"-Glasherren von Poschinger waren Verwandte der Buchenauer und so wurden gerne gute Rezepte ausgetauscht.

Auf 1 Seidl Mehl werden 2 Loth Butter recht gut abgerührt, 1 Stück Zucker, von 1 Zitrone die Schaale, ein klein wenig Muskatblüth, alles mit guter Milch und 2 Löffel voll Hefen gut abgerührt, mit 4 Eidotter recht gut geschlagen, bis es blättrig wird, dann gehen lassen, flechte dann ein Zöpfl mit Ei bestrichen und im Backofen gebacken, wenn das Brot schon eine halbe Stunde drinnen ist.

Handschrift der Maria Schötz, Schloßköchin in Buchenau 1862

Feine Hefehörnderl nach Prinzeß Marie

25 g Hefe löst man in 2—3 Eßlöffeln Milch mit ein wenig Zucker auf und gibt sie an 280 g Mehl, das mit 210 g Butter abgebröselt wurde. Es folgen 2 Eidotter, 2 Eßlöffel Zucker, 1 Eßlöffel Arrak und Salz. Der sehr zarte Teig wird rasch ausgewalgt, zu großen Dreiecken ausgeradelt und mit 1 Kaffeelöffel Marme-lade oder einer Mischung aus gemahlenen Nüssen, gehackten Rosinen und Honig versehen. Man dreht die Hörnderl von der Breitseite her auf, biegt sie ein und gibt sie ins Rohr. Sie werden lichtgelb gebacken und dünn mit Zuckerguß überzogen. Diesen Hörnderln merkt man nicht an, daß sie aus Hefeteig sind.

Orangenbusserl

4 Eier, 200 g Zucker, 1 Vanillinzucker, 1 Eßlöffel Grand Marnier, etwas geriebene Orangen- und Zitronenschale sowie eine Prise Salz und Muskat rührt man schaumig und gibt 200 g Mehl mit 1 Kaffeelöffel Backpulver daran. Der zarte Teig wird mit einem Kaffeelöffel zu kleinen Häufchen auf ein gefettetes Blech gesetzt; da sie breitlaufen, brauchen sie genügend Platz. Man streut in die Mitte eines jeden Busserls ein Gemisch aus groben Mandelsplittern und sehr feingeschnittenem Zitronat, Orangeat und grobem Zucker. Dann bäckt man sie bei schwacher Hitze ganz hell aus, damit sie zart bleiben.

„Mandelküchl"

Zuckere die Mandeln, stoß sie klein, netze sie mit Rosenwasser, klopfe ein Eierklar zu Schaum, thu den Schaum an die Mandeln, rühr's wohl ab, bis sie sich aufstreichen lassen, nimm Zitronen- und Limonienschalen, Quittenlatwerge, schneide alles klein gewürfelt, rühr auch klein gestossenen Zimmet unter die Mandeln, rühr alles durcheinander, mach aus einer Oblate 4 Theile, streich's darauf, streue Zucker darauf, ehe sie in die Tortenpfanne kommen, leg oben auf mehr Glut als unten, so bekommen sie ein schönes Eis.

Aus „Altadeliges Bayer'sches Koch- und Konfektbuch", München 1837

Nürnberger Eierzucker

Dieses uralte Nürnberger Gebäck, das oft auch Wasserzucker oder Wendelsteiner Eierzeug heißt und bunt bemalt wird, war von jeher das traditionelle Nikolausgebäck bei Hof. Die kleinen Prinzen und Prinzessinnen, für die eigens besonders schöne Modeln geschnitzt wurden, haben es jedes Jahr erhalten. Der Eierzucker ist keineswegs anspruchsvoll, aber eben altbayrisch und daher schon sanktioniert.

5 kleine Eier werden mit 500 g Zucker, 1 Beutel Vanillinzucker und etwas Salz 1 Stunde (Maschine 10 Min.) gerührt. Man gibt 500—550 g gesiebtes Mehl und 1—2 Eßlöffel Arrak darunter und verknetet den zarten Teig. Nachdem er 2 Stunden zugedeckt geruht hat, wird er messerrückendick ausgewellt und in Holzmodeln gedrückt. Man schneidet die Ränder sauber ab, stellt sie 1—2 Tage zum Übertrocknen bei Zimmertemperatur beiseite und bäckt sie auf gewachstem Blech bei mäßiger Hitze ganz weiß aus. Zuletzt werden sie mit Speisefarben lustig-bunt bemalt. Das ist ihr Haupteffekt.

„Spanische Biskotten"
Von der Frau Maximiliana Gräfin von Preising

So umständlich war früher das Backen. Man mußte den Zucker sieben, 3 Stunden rühren, natürlich nach einer Seite, man mußte die selbstbereitete Stärke beobachten, ob sie nicht schon sauer ist, 12 frische Eier verwenden und hatte dann am Schluß doch nur kleine Biskuits, die man heute so viel schneller auf den Tisch bringen kann, aber nett ist das Rezept doch!

Das Originalrezept:

Nimm 1/2 Pfund Zucker, siebe denselben recht klein, nimm hernach 12 frische Eier, schlag sie wohl ab, und thu das halbe Pfund Zucker darein, rühr's 3 Stunden auf einer Seite, und nimm einen Vierling gesiebte Stärke, die recht schön und nicht sauer seyn muß; wenn du drei Stunden gerührt hast, dann thu die Stärke und das Mehl darein, rühr's hernach nimmer viel, nimm dann einen kleinen Trichter oder einen Straubenlöffel, thu den Teig darein, was darein geht, dann gieß ihn auf das Papier, back's hübsch gelblich, streue oben hinauf gesiebten Zucker, ehe du's backest, so bekommen sie oben ein hübsches Eis.

Aus „Altadeliges Bayer'sches Koch- und Konfektbuch", München 1837

Ein anderes altes Rezept dieser sehr beliebten Bisquits:

„Große Biskotten"
Von der Freifrau von Neuhausen, Vicedomin von Burghausen

Nimm 1 Pfund schönen Zucker, stoß und siebe ihn durch ein Sieb, und nimm zu 1 Pfund Zucker 15 neu gelegte Eier, die höchstens 2 bis 3 Tage alt seyn dürfen, je frischer, desto besser; schlag sie in einen glasierten Hafen, thu die Vögel in den Dottern fleißig weg, nimm 14 Eier mit Klar und Dottern und vom 15ten Ei nur das Klar allein, den Dotter thu weg, und klopfe die Eier auf einer Seite eine halbe Stunde, hernach rühre den Zucker fein gemach hinein, und rühr's auf einer Seite 3 ganze Stunden, mit der halben Stunde, in welcher vorher gerührt wurde, dann nimm eine schöne weiße Stärke, die nicht sauer ist, 3 Vierling, stoß sie und siebe sie durch ein Sieb, und wenn du in allem 3 Stunden lang gerührt hast, so säe die Stärke fein gemach mit einem Löffel hinein, rühr's unter, während du's hineinsäest, hernach darf man nimmer rühren, als später in die papiernen Modeln, und back sie nicht gar zu heiß, und nicht gar zu kalt, oben mehr Glut als unten, daß sie hübsch auflaufen und gemach ausbacken.

Aus „Altadeliges Bayer'sches Koch- und Konfektbuch", München 1837

Muskatzimmt

Eigentlich müßten sie Muskazinnerl heißen. Es handelt sich um ein altes Gebäck aus der Würzburger Gegend, das besonders als Dettelbacher Spezialität bekannt ist. In frühen Kochbüchern des vorigen Jahrhunderts ist die Anweisung meistens enthalten.

½ Pfund rohe Mandl, ½ Pfund Zucker, von einer Zitrone die Schale, 1 Muskatnuß auch Zimmt und Nelken werden mit 3 Eiern und dem Saft einer halben Zitrone angemacht, ausgewalgt und mit Modln ausgestochen, auf Oblaten gesetzt und kühl gebacken.

Handschrift der Maria Schötz, Schloßköchin in Buchenau 1862

Pfaffenkappeln

Dieses sehr naturalistisch den vierkantigen Hüten der geistlichen Herren nachgeformte Gebäck war früher sehr beliebt. Es schmeckt ja auch entsprechend gut.

250 g Mehl, 100 g Butter, 1—2 Eidotter und etwas sauren Rahm, Salz und 2—3 Eßlöffel Zucker knetet man gut und walgt den Teig aus. Man radelt ihn zu Vierecken aus und gibt nun auf jedes Fleckel einen guten Kaffeelöffel Fülle aus 100—125 g abgezogenen und geriebenen Mandeln, etwas Zitronensaft, 2—3 Eßlöffel Zucker und 1—2 Eidottern. Man würzt noch mit einer kleinen Prise Muskat und legt dann die vier Ecken über die Fülle zusammen; sie werden an allen vier Seiten leicht angedrückt. Zuletzt bestreicht man den Teig mit Dotter und bäckt die Pfaffenkappeln im Rohr goldgelb aus und klebt eine Belegkirsche als Quaste obenauf. Diese Kappeln sehen recht natürlich aus.

Als Abschluß: Das Dessert

Gleich zu Beginn dieses Kapitels soll das gute, alte

Blanc manger

stehen. Es geistert schon in den ältesten Kochbuch-Handschriften herum und hat im Laufe der Zeit durch Schreib- und Hörfehler eine solche Fülle von unterschiedlichen Benennungen bekommen, daß sich ein Sprachforscher tagelang damit beschäftigen könnte. Ob Frankreich seine Heimat war, weil es sich in der französischen Form am längsten gehalten hat, dürfte zu bezweifeln sein, denn das „Weiße Essen" war auch in Italien als „mangio blanco" sowie in Spanien schon sehr früh bekannt. Es ging auch als Schneemilch, als Schaum, Mousse, Gelee und Aspik und mit so mancher anderen Bezeichnung in die Kochgeschichte ein. Das älteste Blanc manger war bis ins späte Mittelalter eine Art Geleespeise aus Mandelmilch, „haussenblattern" (Hausenblase, heute Gelatine) und zerriebenem Fleisch von „Hüneren oder kapaunerflaisch" sowie Kalbfleisch. Es ist, seitdem es hauptsächlich über die Kreuzzüge im europäischen Handels- und Kulturkreis Mandeln gibt, bei uns zuhause, sicherlich aber arabischen Ursprungs. Man hat es nämlich sowohl pikant gewürzt wie auch mit Honig oder schon mit Rohrzucker gesüßt und mit orientalischen Spezereien, wie „Imber" und „Cubeben" usw. bereichert. In allen Kochhandschriften von den frühesten Zeiten an, so in der Würzburg-Münchener Handschrift von 1345, auch bei Meister Eberhardt von Landshut und in anderen, späterhin dann gedruckten Kochbüchern des 15.—17. Jahrhunderts findet man neben dem Blanc manger die Namen Blamenser, Plamensier, Plamausch, plaw-muß von Mandeln, Blamanschie, Plamenschnee, blaementir, in England im 15. Jahrhundert Blameny und sogar so nett bajuwarisch Blamasch, immer aber das gleiche weiße Essen.

Spätere, bayrische Kochbücher sprechen ganz einfach vom „weißen Koch", bis die Speise in der königlichen Zeit zur Bayrischen Rahmsulz und offiziell zur Crème bavaroise wird.

Sie ist nicht nur ein wirklich köstliches Dessert, sondern bietet auch Anlaß zu einem kleinen geschichtlichen Ausflug. Sie ist nämlich historisch und bayrisch doppelt verankert und spielte in der höfischen Küche stets eine wesentliche Rolle.

Isabella, die Tochter des Herzogs Stephan II. von Bayern-Landshut und der Thadäa Visconti von Mailand heiratete König Karl V. (1364—1380) von Frankreich. An seinem Hof wirkte Tirel, genannt Taillevent, als Koch, der uns das früheste handschriftliche Kochbuch Frankreichs hinterlassen hat. Unter seinen Rezepten befindet sich auch ein Blanc manger. Die inzwischen zur Königin Isabeau gewordene Bayerin hatte in ihrem eigenen Gefolge wahrscheinlich auch Köche, vermutlich dank ihrer Mutter sogar italienische, die damals tonangebend in der Kochkunst waren. Die heute so berühmte französische Küche war dazumal noch sehr dem primitiven Mittelalter verhaftet. Da hat die Internationalität der von Isabeau mitgebrachten Köche anregend gewirkt; jedenfalls wurde das schon lang bekannte Blanc manger, jahrhunderte lang Glanzpunkt höfischer wie bürgerlicher Prunkessen, angeblich erst durch den Einfluß Isabeaus zur feinen Creme entwickelt und statt mit Fleisch, mit Früchten, Zucker, Honig, Gewürzen und Aromen verändert und verbessert. Ihr zu Ehren wurde die neue Speise dann eben „Crème Bavaroise" genannt und sie ist unter diesem Namen als elegante Sulzcreme heute noch auf den Menükarten der ganzen Welt zu finden. Besonders kultiviert wurde sie auch am bayrischen Hof und das Kochbuch von Julius Rottenhöfer, dem Hofkoch von König Max II., weist denn auch 38 Rezeptvariationen dafür auf, nennt sie im Obertitel jedoch nur schlicht „Bayrische Rahmsulz". Sie ist mit allen nur möglichen Früchten und Duftblüten, Likören und Aromaträgern variiert, woraus sich die reiche Auswahl erklärt.

Nach dem ersten Weltkrieg, als alles Deutsche und natürlich auch Bayrische verteufelt wurde, wollte man diese weltweit beliebte, uralte Süßspeise zu einer „Creme Moscovite" umwandeln, hatte aber kein Glück damit, denn der herkömmliche Begriff war zu eng in der Kochkunst verwurzelt. So blieb die „Crème Bavaroise" der beliebte Abschluß von großen Diners.

Obwohl es sich bei manchen der einschlägigen Rezepte um recht aufwendige Anweisungen handelt, was Zutaten und Zeit anbelangt, sollen sie allein schon aus historischem Interesse hier stehen. Außerdem gibt es viele Leute, die selbst am Lesen solcher Kochkünste von ehedem Freude haben und andere wieder wagen sich bei besonderer Gelegenheit sogar selber daran.

Im übrigen ist es genau so, wie man schöne Häuser, Museen oder auch kostbaren Schmuck in der Auslage ansieht; man ergötzt sich daran, ohne alles haben zu müssen. Und zudem sollen diese reizvollen Rezepte meine Behauptung untermalen, daß die gute „Königlich-bayrische Küche" wirklich nicht nur aus Leberkäs und Sauerkraut bestanden hat und noch heute besteht. Nichts bitte, gegen Leberkäs, aber nur gegen seinen Anspruch, die bayrische Küche zu vertreten!

Zurück zur Bayrischen Rahmsulz, der

Creme Bavaroise

Im Prinzip sind sich alle Arten von Crème Bavaroise oder Bayrischer Rahmsulz gleich; es handelt sich um eine gut gerührte Zucker-Eimasse, die mit aufgelöster Gelatine und steifem Schlagrahm hergestellt und dann mit einem beliebigen Aromaträger versehen wird und dadurch einen speziellen Geschmack erhält. Man läßt die Crème im Kühlschrank steif werden und kann sie dann stürzen oder in einer Schale hübsch garnieren.

Bayrische Rahmsulz mit Aprikosen

280 g Zucker, ein dickes Mus von 20 reifen, durchgedrückten Aprikosen und 25 g aufgelöster Gelatine rührt man durch, bis die Masse steif zu werden beginnt. Darunter gibt man ³/₄ Liter sehr kalten, steifen Schlagrahm, würzt noch mit etwas Mandelöl oder nach Belieben mit 2—3 Gläschen Apricot Brandy nach und füllt das Ganze in eine mit Mandelöl ausgestrichene Form, die in den Kühlschrank gestellt oder gar in der Tief-kühltruhe kurz geeist wird. Dann stürzt man die kurz in Wasser getauchte Form und garniert mit Schlagrahm und frischen Aprikosen oder gießt dickes, süßes Aprikosenmark tupfenweise dazwischen.

Auf die gleiche Weise bereitet man Rahmsulz von Erdbeeren oder Johannisbeeren, Hagebutten, Ananas und anderen aromatischen Früchten oder aus feinem Fruchtmus.

Bayrische Rahmsulz mit Kaffee

An die Grundmasse gibt man 2 gehäufte Eßlöffel in wenig heißem Wasser aufgelösten Pulverkaffee und nach Belieben noch mit 1 Kaffeelöffel Kakao.

Rahmsulz mit Grand Marnier

An die Grundmasse gibt man ¹/₁₀ Liter Grand Marnier und gießt über die gestürzte Crème nochmals etwas Grand Marnier oder reicht diesen feinen Likör neben einer Schale Schlagrahm in einem kleinen Kännchen dazu, damit sich jeder nach Gefallen bedienen kann. Übrigens erscheint Grand Marnier schon um die Mitte des vorigen Jahrhunderts auch unter den Getränken auf den Speisekarten des Bayrischen Hofes und wird auch in alten Rezepten verwendet.

Erdbeer-Sulz mit Pistazien

250 g Erdbeeren werden zerdrückt und mit ¹/₂ Liter Wasser und 80 g Zucker sowie etwas Zitronenschale kurz einmal aufgekocht. Dann zieht man den Topf vom Feuer, gibt 7 Blatt weiße und 1 Blatt rote aufgelöste Gelatine und nochmals 250 g frische eingezuckerte, ganze oder halbierte Erdbeeren darunter. Die Sülzbrühe wird in eine mit Wasser gespülte, geradwandige Form gefüllt und nach dem Erstarren gestürzt. Man garniert sie mit Schlagrahm, der mit etwas Rum und Vanillinzucker abgeschmeckt wurde, mit schönen Erdbeeren und reich mit grünen Pistazien oder nach Belieben auch mit Schokoladenraspeln.

Veilchenſulz

Die Grundcrème wird mit Maraschino und Vanillinzucker gut gewürzt. Man streut auf die mit Schlagrahm angerichtete Sulz reichlich kandierte Veilchen.

Mandelgeſpickte Heidelbeerſulz

1 Liter gesüßtes Heidelbeerkompott wird mit 12 Blatt in Heidelbeersaft eingeweichter und gleichmäßig aufgelöster Gelatine verrührt. Dann wird die mit Vanillinzucker gewürzte Sulzmasse in eine flache und in eine kleine runde Schale gegossen. Man läßt sie darin steif werden. Zuerst wird nun die große und darauf die kleine Form gestürzt und reich mit Mandelsplittern besteckt. Man reicht vanillierten Schlagrahm oder eine eisgekühlte, sehr süße Vanillsoße dazu.

„Rameln aux Schmankerl"

Rameln oder Ramerl sind die aus Zucker, Fett und Mehl karamelisierten Krusteln, die beim Backen von Mehlspeisen, wie Dampfnudeln, Rupfhauben und Reisauflauf sowie beim Kochen von Mus und dergleichen entstehen. Man kratzt sie aus Topf oder Pfanne und legt sie oben auf die angerichtete Speise, wo sie ihre Liebhaber finden. Das sind die echten Schmankerl, nach denen heute aus Mißverständnis so vielerlei derbe oder einfachste Speisen der bayrischen Küche benannt werden.

Um solche Rameln gesondert zu erhalten, kocht man etwas angerührtes Mehl in gesüßte Milch zu einem halbdicken Brei ein. Er wird in mehreren Schichten von jeweils nur etwa 1 cm Höhe in einer gut gebutterten Pfanne bei sehr gelinder Hitze gebacken, wobei sich unten eine gelbe bis goldene Bratkruste bildet, eben die Rameln. Man schabt mit einem Scherrer den noch weichen Brei oben ab, gibt ihn zum übrigen zurück und kratzt nun die leicht angelegten Rameln mit dem Scherrer stückweise heraus, rollt sie leicht auf und gibt sie als besonderes Schmankerl entweder auf einen Pudding oder in oder auf eine andere Mehlspeise, zum Beispiel einen Brei, ähnlich, wie man auch die köstlichen Rameln der Dampfnudeln obenauf legt. Es existieren auch eigene Rezepte dafür, die auf den Menükarten des Hofes so nett „aux Schmankerl" heißen, wie etwa „Crème aux Schmankerl", „Soufflé aux Schmankerl" oder sogar ein „Glace aux Schmankerl" (Rezept Seite 199).
Man hat sich auch oft die Mühe gemacht, die kleinen Rameln noch etwas nachzutrocknen, so daß sie wie krachfestes Karamel schmecken.
Das sind also *echte* Schmankerl!

„Soufflé aus Schmankerl"

100 g Mehl, 200 g Zucker, 1 Päckchen Vanillinzucker und ganz wenig Salz rührt man mit 1½ Liter süßem Rahm oder guter Milch an und bringt alles unter ständigem Rühren zum Kochen. Das Mus muß bei guter Hitze und stetem Rühren ausgekocht werden und darf sich dabei unten ein wenig ansetzen.

Man rührt diese Krusteln dann unter das Mus, das dadurch geflockt und gelblich aussieht. Zuletzt hebt man 5—6 Eidotter und den steifen Schnee der Eier darunter; nach Belieben kann man das angerichtete Mus mit etwas brauner Butter übergießen. Es kann auch heiß in Förmchen gefüllt und gestürzt werden.

„Feines Dottermuß"

½ Liter Milch wird mit 9 Eidottern „verspriedelt" (verquirlt) und mit 2 gehäuften Eßlöffeln Mehl glatt geschlagen. Diese Masse läßt man durch ein Sieb in eine feuerfeste Form mit etwa einfingerhoch zerlassener, heißer Butter laufen

und läßt die Eier dabei unter stetem Rühren dicklich werden. Die Masse darf aber nicht fest werden; sie wird rasch mit einer feinen Krebssoße oder auch süß mit Fruchtsaft serviert. Das ist sozusagen ein süßes Rührei.

Zwetschgenwatscherln

Große Zwetschgen werden entkernt, halbiert und leicht gezuckert. Dann verrührt man ⅛ Liter Milch mit 90 g Mehl, etwas Salz, 1 Ei und je 1 Eßlöffel Zucker und Rum. In diesen dickflüssigen

Teig taucht man die Zwetschgen ein und bäckt sie in Fett goldbraun. Sie werden dick mit Puderzucker bestreut und heiß aufgetragen.

Rezept aus Schloß Oberzwieselau
im Bayrischen Wald

Schokolade-Nockerl

80 g Butter und 3 Eier werden gut gerührt. Man gibt 200 g Brösel, 40 g Zucker, 1 Päckchen Vanillinzucker und 1 Tafel geriebene Schokolade dazu. Die Masse würzt man mit etwas Muskat und Ingwerpulver, nach Belieben auch mit einem Hauch Pulverkaffee und läßt sie eine Weile quellen. Dann formt man mit

dem Kaffeelöffel kleine Nockerl, die in kochender Milch vorsichtig gegart werden. Man siebt sie vorsichtig aus der Milch heraus und stellt sie warm. Die Milch selbst wird zu einer süßen aromatischen Vanillesoße verwendet, die man noch heiß dazu reicht. Man kann sie noch mit Rum oder Arrak verfeinern.

Zimtnockerl

werden wie „Schokolade-Nockerl" zubereitet. Man gibt 2 Päckchen Vanillinzucker und anstelle von Schokolade einen Kaffeelöffel Zimt dazu. Diese Nockerl werden mit heißer Butter übergossen und noch mit Zimt-Zucker bestreut oder auch mit einer sehr süßen, heißen Vanillesoße aufgetragen.

Aprikosenauflauf

8 Eiweiß schlägt man sehr steif und gibt 200 g Zucker und 500 g dickliche Aprikosenmarmelade darunter. Die Masse wird in einer gefetteten Auflaufform oder in kleinen Schälchen bei guter Hitze 10—15 Minuten rasch gebacken und sofort serviert, sonst fallen diese sehr zarten Soufflés zusammen.

Marcipan

Von Sr. churfürstlichen Durchlaucht Pastetenkoch

Man stößt 1 Pfund Mandeln gar klein, mit Zimmet oder Rosenwasser, wenn man's recht gut haben will, nimmt man auf 1 Pfund Mandeln ein halbes Pfund kleingestossenen Zucker, stößt ihn auch unter die Mandeln, trocknet alsdann den Teig auf dem Feuer ziemlich ab, in einer messingenen Pfanne, läßt alsdann den Teig kalt werden, macht und walgt den Teig mit Zucker aus, drückt ihn alsdann in glatte Model, und zwickt ihn dann mit einem Reife herum, oder man drückt den Teig in Model, die man ausschneiden kann, legt ihn aber allezeit auf Oblate; man kann ihn in Model drucken, in was für eine man will, dann backt man den Marcipan, läßt ihn wieder kalt werden, macht dann darauf ein dünnes Eis mit Eierklar, und zuckert dieß aneinander wohl, und so lang, bis es schneeweiß wird, muß es abgeschlagen werden, dann backt man ihn wieder.

Will man's von Gewürz haben, macht man's eben so, allein das Gewürz, als: Zimmet, Nägel, Ingber und ein wenig Muskatnuß nimmt man erst, wenn der Teig nach dem Abtrocknen kalt ist, darunter, übrigens macht man's, wie oben gemeldet, mit Zucker gar fertig.

Von Pistazien macht man eben solchen Marcipan auf diese Manier. Unter allen Marcipan nimmt man auch klein geschnittene Limonienschnitze.

Bei andern Sorten Marcipan, die man eben auf erst gemeldete Manier macht, trocknet man den Teig gar nicht ab, und nimmt kein anderes Gewürz darunter als Zimmet, und ein wenig Muskatnuß und auch Limonienschalen, schneidet papierne Model, oder macht's in was für Model man will, backt's auch also, und macht das Eis ebenso darauf, wie auf die vorigen.

Aus „Altadeliges Bayer'sches Koch- und Konfektbuch", München 1837

Marcipan mit Eis

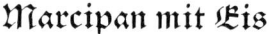

Nimm einen Vierling Mandeln, zieh's ab, und zerstoße sie klein, zuckere sie halb so viel, als Mandeln sind, und streich's hernach auf eine Oblate in eine kleine längliche Rahme, die aber zart gemacht seyn muß, thu's wieder langsam heraus, daß es nicht zerbricht, back's in einer Tortenpfanne, und wenn's gebacken sind, so mach ein Eis mit Rosenwasser oder frischem Wasser an, und streich's darauf, aber nicht zu dick, und back's wieder bis das Eis trocken ist, aber zuvor, ehe du's zum erstenmale backest, streue geschabte Muskatnuß darauf, aber nicht viel.

Aus „Altadeliges Bayer'sches Koch- und Konfektbuch", München 1837

„Glace aux Schmankerl"

Das war ein äußerst beliebtes Schmankerl beim bayrischen Hof, auch wenn man ihm ein vornehmes „Glace" voranstellte.

Zuerst werden dazu die notwendigen Rameln hergestellt, wie es auf Seite 196 beschrieben ist. Man trocknet sie noch bei gelinder Wärme nach. Dann bereitet man ein Vanille-Eis, eines aus Rahm, Eiern und echten Vanillestangen, ein goldgelbes, duftendes Gefrorenes. Dazu schlägt man 2 ganze Eier und 2 Eidotter mit 200 g Zucker und dem ausgekratzten Mark von 2 Vanillestangen über Dampf dick und hierauf wieder kalt. Die schwarzen Kerndl der Vanillestange stören nicht; sie sind ja ein Beweis der Güte. Darunter gibt man 1/2 Liter recht kalten, mit 100 g Zucker aufgeschlagenen, sehr steifen Schlagrahm und den größten Teil der Rameln. Man darf aber nicht zu stark rühren, sonst wird das Eis braun davon. Die Masse wird nun gefroren, gefällig angerichtet und mit besonders schönen, leicht aufgerollten Rameln besteckt.

Pumpernickel-Gefrorenes

Ein sehr aparter Nachtisch, den es auf der Tafel des Prinzregenten Luitpold von Bayern am 5. November 1902 gab. Man sieht, die Hofköche gaben sich Mühe, immer wieder neue und interessante Gerichte auftischen zu können.

80 g zerkleinerter Pumpernickel werden mit 1/2 aufgeschlitzten Stange Vanille mit gut 1/8 Liter heißem Rahm oder Milch übergossen. Wenn das Ganze kalt geworden ist, gibt man 200 g Zucker, 7 Eidotter und noch 1/2 Liter Rahm oder je zur Hälfte Rahm und Milch daran. Diese Masse wird über Dampf oder schwachem Feuer schlagend erhitzt; sie darf aber nicht kochen, sonst flocken die Eier aus. Die Creme wird nun kalt geschlagen und dann gefroren. Sehr gut schmecken gezuckerte frische Erdbeeren oder erhitztes Himbeerkompott dazu.

Kompotte

kamen stets als zweites Dessert auf die Hoftafel. Sie besaßen immer eine besondere Note und waren nicht einfach gekochtes Obst. Deshalb seien nachstehend etliche zur Anregung der eigenen Kochkünste gebracht.

Quittenkompott

Eine Besonderheit der Hofküche, die am 10. Juni 1902 für den Prinzregenten aufgetischt wurde.

Quitten, am besten Apfelquitten (Birnenquitten haben meist zu viele harte Steinchen im Fruchtfleisch) werden geschält, geschnitzt und in bereits kochendem Zuckerwasser, dem roter Johannisbeer- oder Himbeersaft zugesetzt ist, weichgekocht. Man fügt nach Belieben etwas Zimtrinde und 2 Nelkenköpfe hinzu, die zuletzt wieder entfernt werden. Zum Schluß gibt man ein Glas Portwein in das Kompott. Auch Zitronensaft schmeckt gut daran.

Prünellen-Kompott

Große, feste Zwetschgen (keine Pflaumen!) werden kurz gebrüht und dann geschält. Man gibt sie in bereits gut durchgekochtes Zuckerwasser, dem ein Stück Orangenschale zugesetzt war, die man wieder herausnimmt. Dann stellt man das Kompott kalt und gießt noch 1—2 Likörgläser Orangenlikör (Grand Marnier) daran. Diese Zwetschgen ohne Haut schmecken ganz anders.

Königin Marie's Hagebutten-Kompott

Bei ihrem Aufenthalt in Elbigenalp im Lechtal hat Königin Marie mit ihren Söhnen Otto und Ludwig Hagebutten gepflückt und sich nach heimatlichem Geschmack (sie war eine preußische Prinzessin) Kompott daraus kochen lassen.

Möglichst große, feste Hagebutten werden halbiert, ausgekratzt und gut gewaschen, damit alle Härchen abgehen. Man kocht sie dann mit ebensoviel Rosinen in Zuckerwasser mit etwas Weißwein weich und gibt 1—2 Vanillinzucker daran oder kocht gleich eine aufgeschlitzte Vanilleschote mit.

Gesulztes Apfelkompott

Aromatische Äpfel werden geschält, halbiert und vom Kernhaus befreit. Man dünstet sie vorsichtig in wenig Zuckerwasser mit 1—2 Eßlöffeln Honig und Zitronensaft. Sie dürfen nicht zerfallen! Dann richtet man sie an, vermehrt die Soße mit etwas Wasser, Weißwein und Zucker, kocht sie dicklich ein und gießt sie über die Äpfel. Sie werden zuletzt noch mit je einem Klecks rotem Gelee gekrönt oder mit gehackten, grünen Pistazien überstreut.

Dörrzwetschgen in Rotwein

Die Dörrzwetschgen, am besten Kurpflaumen, werden in heißgemachten, nicht aufgekochten Portwein gegeben und darin kühl gestellt. Man kann notfalls noch etwas nachzuckern. Dann serviert man die recht kalt gestellten Zwetschgen mit Schlagrahm oder mit einer gut gesüßten Vanillesoße.

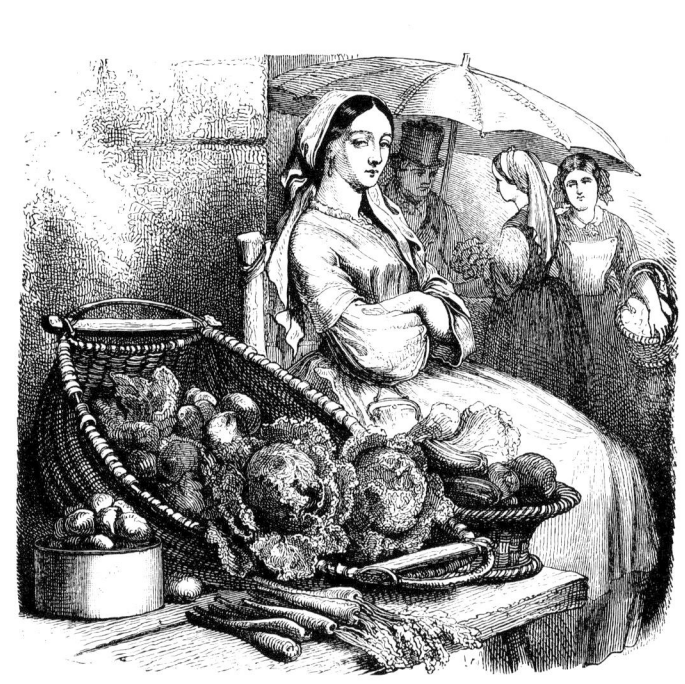

Kochen und Essen ist so endlos wie die Freude daran. Das letzte
Rezept soll also nicht Abschluß der „Königlich-bayerischen Küche" sein,
sondern Beginn neuen, alten Kochvergnügens.

In diesem Sinn viel Erfolg!

Ewald Horn

Inhalt

Bildquellen-Nachweis

Bavaria-Verlag, Gauting:
    Bildtafel Seite 17, 18, 19 links unten, 77, 119, 153, 185

Bildarchiv Bruckmann, München:
    Bildtafel Seite 37, 78, 120, 154 oben

Stadtmuseum München:
    Bildtafel Seite 58, 60, 93, 115
    Foto Claus Hansmann, München

Süddeutscher Verlag, München:
    Bildtafel Seite 19 rechts oben

Foto Claus Hansmann, München:
    Bildtafel Seite 40, Stahlstich kol. ca. 1840 — Privat-Besitz
    Bildtafel Seite 168. „Aus einem Kinderbuch", Augsburg um 1830

Mit freundlicher Genehmigung der Bayerischen Verwaltung der Staatlichen Schlösser,
Gärten und Seen konnten folgende Aufnahmen gemacht werden:
    In der Residenz München, Bildtafel Seite 20, 38, 39, 57,
    59, 94, 95, 113, 114, 116, 154 unten, 165, 166, 167
    Aufnahmen Claus Hansmann, München

Foto J. Goroncy, München:
    Bildtafel Seite 96 Schloß Linderhof und Königlich-bayerisches Wappen

Strichzeichnungen aus „Illustriertes Kochbuch" von Julius Rottenhöfer 1858

Alphabetisches Stichwortverzeichnis

206